Auf den Spuren des Jakobus

Mein spiritueller Wegbegleiter von
Le Puy bis Santiago

erweiterte Neuauflage

Brich auf,
denn deine
Zeit ist da....
23. Mai 2007
Elisabeth
Alferink

Elisabeth Alferink

Auf den Spuren des Jakobus

Mein spiritueller Wegbegleiter von Le Puy nach Santiago

erweiterte Neuauflage

kbw bibelwerk

Pilgerausweise und Informationen für Einzelpilger:
Fränkische St. Jakobus-Gesellschaft e.V.
Ferdinand Seehars, Friedrich-Wencker-Straße 3
D-97215 Uffenheim
www.jakobus-gesellschaften.de

Bildnachweis:
Elisabeth Alferink (Abb. 1–21, 24–28)
Maria Rattmann (Abb. 22, 23)

www.bibelwerk.de

ISBN 978-3-460-31843-4

Erweiterte Neuauflage 2007

Umschlag: Finken & Bumiller, Stuttgart
Satz und Repro: Rund ums Buch – Rudi Kern, Kirchheim/Teck
Druck und Bindung: Ludwig Auer GmbH, Donauwörth

Inhalt

Vorwort

Es ist nicht zu übersehen: Die Jakobuspilger sind wieder da. Sie sind wieder unterwegs zum Grabe des Apostels Jakobus des Älteren in Santiago de Compostela im äußersten Nordwesten Spaniens.

Seit Bischof Godescalc im 10. Jahrhundert in Le Puy en Velay im französischen Zentralmassiv aufbrach, nahm die Pilgerschaft zum Apostelgrab immer stärkere Formen an. Erst Reformation und Aufklärung brachte den Niedergang. In den 70er Jahren des letzten Jahrhunderts jedoch belebte sich der Weg, der „Camino de Santiago" wieder neu. Pilger zu Fuß, per Fahrrad oder Einzelne auf dem Pferd sind unterwegs, und das Pilgerbüro in Santiago kann die „Compostela", die traditionelle Pilgerurkunde, in jährlich steigenden Zahlen ausstellen.

In den „Heiligen Jahren" in Santiago – immer dann, wenn der 25. Juli, der Jakobstag, auf einen Sonntag fällt – steigen die Pilgerzahlen um ein Vielfaches.

Viele Herbergen sind wiedererstanden, unterhalten von Klöstern, Pfarreien oder politischen Gemeinden. Mit Hilfe der Fränkischen St. Jakobus-Gesellschaft wurde eine verfallene Pilgerherberge aus dem 15. Jahrhundert in Grañón in der spanischen Rioja, revitalisiert und laufend unterstützt.

Der Jakobusweg wurde 1987 von der Europäischen Union zur „1. Kulturstraße Europas" erklärt. In Deutschland konnte der Weg mit Hilfe der Fränkischen St. Jakobusgesellschaft von Fulda bis Rothenburg beschildert werden, der Anschluss nach Berlin über Erfurt ist in Arbeit. So können Pilger, die über rund 100 Tage Zeit verfügen, auf einem komplett ausgewiesenen Weg von der eigenen Haustüre bis ans Ziel gelangen.

Von alters her verbindet der Jakobusweg Völker und Nationen, führt als religiös-spiritueller Pilgerweg Menschen aller Konfessionen und Weltanschauungen zusammen und geleitet sie an ihr gemeinsames Ziel.

Den vorliegenden Pilgerführer möchte ich allen diesen Jakobuspilgerinnen und Jakobuspilgern als spirituellen und informativen Wegbegleiter in die Hand geben.
Nach dem „Aufbruch" folgen „Stationen und Legenden", danach ein ausführlicher Anhang mit Gebeten, Liedern und Psalmen.
Die Legenden am Weg halte ich für wichtig, weil sie einerseits unerlässlich sind für die Entstehungsgeschichte der einzelnen Orte und Heiligtümer. Andererseits sind diese volkstümlichen Legenden in Frankreich und Spanien nirgends in deutscher Sprache zu finden. Die spirituellen Texte wurden farblich dargestellt, um sie so von den Legenden und allgemeinen Texten zu unterscheiden. Bei den Gebeten finden sich auch meine speziellen „Stufengebete", die sich besonders für Gruppen eignen. Die Jakobuslieder habe ich nach

der Melodie bekannter Kirchenlieder getextet, damit sie für Pilger aller Diözesen leicht zu singen sind.

Möge Ihnen dieser Wegbegleiter ein guter Freund werden auf Ihrem Weg, ob Sie nun alleine unterwegs sind oder gemeinsam mit einer Pilgergruppe!

Ich wünsche Ihnen einen gesegneten Weg mit dem Gruß der mittelalterlichen Jakobuspilger
„E ultreja!"

Elisabeth Alferink

Aufbruch

Die Jakobuslegende

Der Apostel Santiago der Ältere war einer der Söhne des Zebedäus, Bruder des Evangelisten Johannes, also einer der „Donnersöhne“ (siehe Mk 3,17). Ihm soll Spanien zur Missionierung zugeteilt worden sein, er soll jedoch nur wenige bekehrt haben. Jakobus kehrte nach Jerusalem zurück, wo er im Jahre 44 n. Chr. unter Herodes Agrippa enthauptet wurde. Seinen Leichnam wollte man den wilden Tieren zum Fraß vorwerfen, um den Anhängern keine Reliquien zur Verehrung zu hinterlassen. Die Jünger des Jakobus jedoch sollen die sterblichen Überreste an sich genommen und zum Ort seiner Predigten eingeschifft haben, also nach Spanien.
Die Legende erzählt, ein mit zwei Jüngern bemanntes – von Engeln geführtes – Boot mit dem Leichnam Santiagos sei in Iria Flavia angelandet, dem heutigen Padrón im Südwesten des heutigen Santiago. Das Bootstau habe sich dann um einen großen Stein geschlungen (einen Padrón), der sich ganz dem Tau anpasste und ihm Halt gab. Über diesen Stein, der heute noch zu sehen ist, wurde die Kirche von Padrón gebaut. Der Leichnam wurde in einer römischen Grabstätte bestattet, am Ort der heutigen Kathedrale. Die Grabstätte geriet in Vergessenheit.

Nach anderen Quellen schenkte Kaiser Justinian I. im 6. Jahrhundert die Reliquien des hl. Jakobus dem Sinai-Kloster Raithu, das fortan Jakobuskloster hieß. Aus diesem Kloster wurde das berühmte Katharinenkloster. Im späteren Ansturm der Sarazenen wurden die Gebeine in den noch christlichen Nordwesten Spaniens gebracht, in das Königreich Asturien.

Erste schriftliche Zeugnisse über die Predigttätigkeit Jakobs finden sich im 5. Jahrhundert als westgotischer Text, verfasst vom hl. Isidor von Sevilla.

Im Jahre 711 drangen die Mauren in Spanien ein. Im Jahre 824 wird in der historischen Geschichtsschreibung berichtet: Als der Einsiedler Pelayo im Jahr 823 den Einwohnern von San Fiz gerade Messe las, habe es wunderbare Erscheinungen von Sternenlicht und Engelsgesang gegeben. Nach Bußübungen und Fasten wurden drei Steinsärge gefunden, ein größerer mit einem enthaupteten Leichnam, und zwei weitere. Der größere habe eine Schrift getragen: Hier ruht Santiago, der Sohn des Zebedäus und der Salome. – Papst Leo II. bestätigte die Echtheit der Reliquien des Apostels, sowie die seiner Schüler Athanasius und Theodosius. Der Name Compostela stammt entweder von Campus stellae, Sternenfeld, oder von Compositum, kleiner Friedhof.

Nach der Androhung des Seeräubers Francis Drake im Jahr 1589, er werde Kathedrale und Jakobsgrab zerstören, vergrub man die Reliquien. 300 Jahre lang konnten sie nicht wieder aufgefunden werden, bis man sie im Jahr 1879 bei Grabungen unter dem Chor der Kathedrale wieder entdeckte. Sie wurden von Papst Leo XIII. als echt anerkannt.

Wie man bei wissenschaftlichen Untersuchungen in der zweiten Hälfte des letzten Jahrhunderts feststellen konnte, stammen die Reliquien aus dem 1. Jahrhundert, und zwar von drei Männern, einem mittleren und von zwei jüngeren Alters.

Aufbruch

Mach dich bereit. Brich auf.
Schau nicht zurück.
Denn deine Zeit ist da.

Geh unbeschwert. Lass los.
Nimm ins Gepäck
die Sehnsucht nur und Gottvertrau'n.

Sie sind nicht schwer.
Und später werden sie
dich tragen in der Dunkelheit.

Halt deine Augen offen
unterwegs.
Verborgne Zeichen warten schon auf dich.

Verschließ die Ohren nicht.
Nur in der Stille
ruft die Stimme zärtlich deinen Namen.

Wer ruft?
Geh einfach mit.
Du wirst es unterwegs erfahren.

E ultreja

Immer wieder findet man in mittelalterlichen Büchern oder Jakobusliedern den Ausdruck:

E ultreia oder auch **Ultreia.**

Es handelte sich um einen Aufmunterungsruf der Jakobspilger untereinander. Einen gesicherten Ursprung dieses Rufes kennt man nicht, er könnte jedoch aus dem Griechischen stammen. Dort bedeutet die Vorsilbe eu = gut und das Wort latreia = Gottesdienst oder Dienst. Damit sollte die gesamte Pilgerschaft als Gottesdienst verstanden werden.

Auch heute muntern sich Jakobspilger unterwegs wieder mit einem „ultreia" gegenseitig auf.

Warum gehst du noch nicht?

Es geht, wenn man geht.
Warum gehst du noch nicht?
Dein Weg liegt vor dir.
Er beginnt mit dem ersten Schritt.

Du reißt dich los.
Tust den ersten Schritt.
Auf deinem Weg.
Schritt für Schritt.

Deine Last ist schwer.
Die Sorgenlast.

Sie drückt dich nieder.
Nimmt dir die Kraft.

Doch langsam trittst du
deine Sorgen in die Erde.
Eine nach der anderen.
Schritt für Schritt.

Mutter Erde nimmt sie auf.
In ihren warmen Schoß.
Und die Last wird dir leicht.
Fast schwerelos.

Deine Seele fliegt dir voran.
Sie flüstert in der Dunkelheit.
Erzählt von dem Geheimnis,
das dich erwartet ... am Ziel.

Warum zögerst du ...

Warum zögerst du, Freund des hl. Jakobus, nach diesem Ort aufzubrechen, wo sich nicht nur alle Völker und Sprachen treffen, sondern auch die Engelchöre zusammenkommen und die Sünden der Menschen vergeben werden ...

Aus dem Liber Sancti Jacobi, einem Pilgerführer aus dem 13. Jahrhundert

Wenn du wirklich geh'n willst, geh!

Wenn du wirklich geh'n willst, geh!
Träum' nicht nur davon,
wie der Weg dich lockt.
Sprich nicht nur davon,
dass du eines Tages gehst.
Plane nicht nur,
wie du dir dann den Rucksack packst.

Schließ' auch das Buch
mit den Pilgerberichten der Anderen.
Füll deine Wasserflasche
bis an den Rand.

Pack' deinen Rucksack
nur mit dem Nötigsten.

Schnür' deine Wanderschuh',
sie sollen dich tragen.
Greif' nach dem Pilgerstab
für alle Höhen und Tiefen.
Nimm den Pilgersegen mit,
er bahnt dir den Weg.

Und dann beginne endlich,
beginne mit dem ersten Schritt.
Heute ist der Tag.
Morgen ist es vielleicht zu spät.
Wenn du wirklich geh'n willst, geh!

Pilgermotive im Mittelalter

Peregrinatio santo-religioso
– Pilgern zum eigenen Seelenheil
Peregrinatio honoris causa
– Pilgern zur Heiligenverehrung
Peregrinatio poenitentiae causa
– Pilgern zur Buße oder aus Reue
Peregrinatio valetudinis causa
– Pilgern in der Hoffnung auf wunderbare Heilung
Peregrinatio voti causa
– Pilgern zur Erfüllung eines Gelübdes

Peregrinatio iudicii causa
– Pilgern als gerichtlich verhängte Strafwallfahrt
Peregrinatio varietatis causa
– Pilgern zur Sinnsuche
Peregrinatio humanitatis causa
– Pilgern als Bildungsreise
Peregrinatio adventici causa
– Pilgern aus Abenteuerlust, zur sportlichen Herausforderung
Peregrinatio politica
– Pilgern aus Staatsräson – für Könige und Staatsmänner
Peregrinatio comercii causa
– Pilgern als Händler und Handwerker
Peregrinatio pecuniae causa
– Pilgern als Stellvertreter, als Berufspilger
Die meisten dieser Motive gibt es heute noch oder wieder.

Pilgermotive heute

„Ich gehe auf den Jakobsweg,
um Gott selbst zu erfahren ...
weil alle andern Pfade nicht
die wahren Wege waren."

„Und ich will endlich unterwegs
mein Ich, mich selber finden ...
denn wo und was ich auch gesucht,
es war nicht zu ergründen."

So macht euch auf, geht einfach mit
und lernt auf Pilgerwegen:
„Wer in die eigne Seele blickt,
dem kommt Gott selbst entgegen."

„Wer Ihn auf Jakobs Wegen traf,
in Gottes eignem Garten,
den wird Er dann Zuhause schon
in seiner Welt erwarten."

Wo laufst du hin?

Halt an, wo laufst du hin?
Der Himmel ist in dir.
Suchst du ihn anderswo,
du fehlst ihn für und für.

Angelus Silesius

Stationen und Legenden

Schon aus der Ferne grüßt den Pilger die Madonna von einem der zahlreichen Basaltkegel. Aus den Beutekanonen der Schlacht von Sewastopol hat man ihre Statue gegossen. So wurde sie zum Zeichen des Friedens.
Die Kathedrale wurde direkt auf der Felsnadel d'Anis erbaut. Als im 5. Jahrhundert der hl. Evosius seinen Bischofssitz nach Anicium (heute Le Puy) verlegte, soll ihm die Jungfrau Maria den rechten Platz für die Kathedrale enthüllt haben. Dort soll er auch den Wunder wirkenden Fieberstein gefunden haben, der heute im nördlichen Querschiff ruht. Es handelt sich vermutlich um die Platte eines alten Druidenaltars. Er war einer gallischen Göttin geweiht, die jungfräulich gebären musste. Damit hätte die Gottesmutter die Nachfolge einer heidnischen Vorgängerin angetreten.
Eine weitere Legende des Fiebersteins berichtet: Eine Frau sei geheilt worden, als sie krank auf dieser Steinplatte schlief. Sie erhielt im Traum den Auftrag, man solle auf dem Mont d'Anis ein Heiligtum errichten. Ein Hirsch hätte im Schnee bereits den Grundriss gesetzt. Heilige Greise in weißen Gewändern hätten die Madonnenstatue zum Hochaltar der Kathedrale nach Le Puy gebracht. Der keltische Kult wird hier vom christlichen Kult abgelöst.
Nach anderen Quellen soll König Ludwig VII. der Heilige, das Bildnis der berühmten Schwarzen Madonna von seinem Kreuzzug aus Ägypten mitgebracht haben.
Erster Nachweis der Verehrung ist eine Urkunde, in der Raymond St. Gilles, Graf von Toulouse, vor seinem ersten Kreuz-

zug 1096 festlegt, dass, so lange er lebe, Tag und Nacht eine Lampe vor dem Bild der Madonna brennen solle.

Die schwarze Madonna von Le Puy

In früheren Zeiten zogen wahre Pilgerströme zur Virgen del Puy, der kleinen schwarzen Madonna in der Kathedrale. Doch sie verehrten nicht die Madonnenfigur, die wir am Hochaltar betrachten. Wir finden heute eine Kopie. Die ursprüngliche Statue wurde ein Opfer blinder Wut. Zur Zeit der französischen Revolution schleppte man sie zum Marktplatz, wo man sie – als Symbol der Unterdrückung durch Kirche und Klerus – auf dem Scheiterhaufen verbrannte. Und sie, die bisher so Verehrte, wehrte sich nicht. Sie wirkte keines der Wunder, für die sie weit im Lande berühmt war. Sie ließ ihr Bild verbrennen.
Machte sie damit die Erfahrung eines gewaltsamen Todes? Des zweiten Todes, nachdem ihr Herz schon einmal gebrochen war, damals unter dem Kreuz.

Schwarze Madonna

„Ich bin wohl schwarz und dennoch schön", so das Hohelied der Liebe (Hld 1,5).
Du bist schwarz wie deine Schwestern in Altötting, Einsiedeln, Rocamadour und auf dem Montserrat.
Und woher hast du die Schwärze genommen, du dunkle Schöne?

Bist du dunkel vom Rauch der unzähligen Kerzen, die man dir so gerne opfert?
Haben die Mönche selbst dich mit schwarzer Farbe bemalt, wohl wissend um deren Anziehungskraft?
Oder haben sie dich so tief berührt, die inständigen Bitten deiner Verehrer,
die Tränen deiner Mitschwestern in tiefer Not?
So sehr, dass sie dich sichtbar verwandelt haben?
Werden wir Menschen nicht auch blass vor Angst und Schrecken?
Warum sollte sich dein Antlitz nicht verdunkeln aus Mitgefühl mit unserer Armut?

Les Penitents blancs – „Weiße Büßer"

Hinter der Kathedrale liegt die Kapelle der Bruderschaft der Penitents blancs. Am Gründonnerstag gehen sie in weißen Kutten in einer Büßerprozession. Andere in roten Kutten gehen barfuss und tragen die Armas Christi, die Marterwerkzeuge.

Etwas

Etwas hat dich gerufen.
Etwas packt dir den Rucksack.
Etwas füllt dir die Flasche.
Etwas reicht dir den Pilgerstab.
Etwas öffnet deine Tür.

Etwas weist dir den Weg.
Etwas kommt dir entgegen.
Etwas geht neben dir.
Etwas lächelt dir zu.
Etwas trägt deine Last.

Etwas schenkt dir die Kraft.
Etwas reicht dir die Hand.
Etwas führt deinen Fuß.
Etwas treibt dich voran.
Etwas nennt dir das Ziel.

Etwas nennt keinen Namen.
Etwas hat einen Namen.
Etwas hat viele Namen.
Etwas hat tausend Namen.
Etwas erkennst du am Ende,
am Ziel …

St. Miguel d'Aiguilhe – St. Michael auf der Nadel

Nach einer Urkunde beschloss der Dekan von Le Puy, Truannus, um die Mitte des 10. Jahrhunderts auf dem Felsen ein Michaelsheiligtum zu bauen, auf dem Platz eines früheren Merkurtempels. Dahin führen 269 Stufen, die ersten ließ bereits Truannus in den Fels schlagen.
In der Eremitage hinter dem rechten Tor lebten ab dem 11.Jahrhundert Einsiedler, die Pilger betreuten, wenn diese nicht direkt in den Grotten nächtigten.

Das Wunder des hl. Michael

Mädchen, als man sich erlaubte,
ungerecht dich anzuklagen,
und man dich vom Felsen stürzte,
hat St. Michael dich getragen.

Gerettet, hörte man dich prahlen:
„Habt ihr alle es gesehen!
Spring' ich wiederum vom Felsen,
wird es noch einmal geschehen."

Und der Teufel flüstert leise:
„Spring doch noch einmal hinab!"
Bitter musstest du bezahlen:
Denn du sprangst direkt ins Grab.

Das Kreuz von Jalasset

Beim Aufstieg nach Le Puy steht links am Weg der Schaft des Kreuzes von Jalasset aus dem Jahr 1621. Nach einer alten Erzählung wettete ein Bauer, dass er das ganze große Feld an einem einzigen Tag pflügen werde. Er schaffte es zwar, fiel aber danach auf der Stelle tot um.

Kapelle St. Roche vor Montbonnet

Eine Legende sagt, die Einwohner von Bains seien eifersüchtig gewesen auf die Verehrung des hl. Rochus in Montbonnet und wollten die Statue rauben, banden sie auf einen Karren, durch Ochs und Esel gezogen. Auf dem Weg weigerten sich die Tiere jedoch, weiterzugehen und setzten ihre Hufe fest auf einen Stein, der die Abdrücke annahm. So blieb die Statue an ihrem Ort.

Suche nach Gott

Ich suchte Ihn
und ging aus mir heraus.
Ich suchte Ihn in stillen Kirchen,
auf hohen Bergen, im tiefen Meer.

Enttäuscht kehrte ich zurück
und ging in mich hinein.
Meine Tür stand offen:
„Du hast mich lange warten lassen!“ lächelte Er.

Tour de la Clauze

Aus dem Basaltgestein erhebt sich der Turm von La Clauze aus dem 12. Jahrhundert als Rest einer Festungsanlage, die in den Religionskriegen zerstört wurde.
Die Legende: Ein armer Bauer beerdigt zwei Kinder, die ungetauft verstorben waren, außerhalb des Ortes auf freiem Feld. Als eines Tages seine Tochter dort Vieh hütete, wurde sie von zwei Riesenfröschen gebissen und verfolgt. Sie ruft um Hilfe. Als der Vater mit einem Stock bewaffnet, ankommt, sieht er nichts. Er holt den Pfarrer, der den Ort segnet. Die Frösche, in denen man die Seelen der verstorbenen Kinder sieht, verschwinden für immer.

Rochuskapelle

Wer ist dieser Rochus? In Montpellier wurde er geboren als Sohn wohlhabender Eltern. Als Pilger war er unterwegs nach Rom. Doch dort kam er nie an, denn im Land wütete die Pest. Er blieb und pflegte Pestkranke, bis er selbst angesteckt wurde und sich im Wald verbarg. Ein Hund brachte ihm Brot und ein Engel himmlischen Trost.

Schließlich genesen, kehrte er zurück nach Hause. Doch keiner erkannte den von Pestbeulen Entstellten. Man hielt ihn für einen Spion. Er wurde eingekerkert und starb unerkannt im Gefängnis. Erst nach seinem Tod erkannte ihn seine Familie an einem Muttermal. Er wurde zum Patron der Pestkranken. In Pestzeiten löste er in vielen Jakobuskirchen den hl. Jakobus ab und übernahm dessen Patrozinium.

Verstehen

Pilger sprechen viele Sprachen,
doch nur eine ist genug:
Blasen können wortlos plagen.
Stöhnen braucht kein Wörterbuch.

Kleines Brot lässt sich noch teilen.
Wenig Wasser reicht für zwei.
Wunden können schneller heilen,
steht ein Pilgerfreund dir bei.

Herzlichkeit braucht wenig Worte,
Lächeln buchstabiert man nicht,
Pilger können sich verstehen,
wo man diese Sprache spricht.

Die Bestie vom Gévaudan

In der Landschaft des Gévaudan versetzte von 1764 bis 1767 ein sagenhaftes Ungeheuer die Menschen in großen Schrecken. Die Grausamkeit war erstaunlich, Frauen und Kinder waren die Opfer, oft fand man den Kopf getrennt vom Körper. Das erste Opfer war im Jahre 1764 ein Mädchen. Man mobilisierte eine Armee von Freiwilligen und schaffte 1765 einen riesigen getöteten Wolf an den Hof Ludwigs XV. Doch das Morden, speziell an Kindern, hielt an. Nun zog ein einzelner Jäger, Jean Chastel, zu Felde und erlegte mit Kugeln, die aus geweihten Medaillons gegossen waren, einen weiteren riesigen Wolf.
Und nun trat 1766 endlich Ruhe ein. Es hatte jedoch immerhin rund einhundert Tote und über zwanzig Verletzte gegeben.

Die Dômerie von Aubrac

„In Loco horroris et vastae solitudinis", dieser Satz aus dem Alten Testament (Dtn 32,10) war über dem Westportal des Klosters von Aubrac eingemeißelt. Gegründet wurde das Kloster von einem flandrischen Graf Adälard, der auf seiner Pilgerfahrt nach Compostela dort überfallen worden war. Nur durch sein Gelübde, hier ein Pilgerhospital zu bauen, wurde er gerettet. Auf dem Heimweg erneuerte er bei einem Schneesturm das Gelübde, vergaß es jedoch Zuhause wieder. Nach einiger Zeit träumte er von überfallenen, geköpften Menschen an diesem Ort, und führte den Bau endlich aus.

Noch heute serviert man dem Pilger im Aubrac den berühmten „Aligot“, ein Schäferessen aus Kartoffelbrei mit geschmolzenem Käse, der sich dann in lange Fäden zieht, was der Gastwirt im Aubrac den Pilgern anschaulich demonstriert.

St. Hilérian de Perse

Ein reich geschmücktes Kirchenportal,
Engel, Apostel in reicher Zahl,
der Weltenherrscher im Mandelbogen,
selbst Sonne und Mond sind aufgezogen.

Drei Könige kommen aus der Ferne
zum Jakobsweg, dem Weg der Sterne,
und im Gewände, an anderer Stell'
mit seinem Hammer Karl Martell.

Das Wunder von Pfingsten erkennen wir schon,
selbst Satan sitzt auf seinem Thron,
ein seitenverkehrtes jüngstes Gericht,
nur den Patron dieser Kirche entdecken wir nicht.

Als im 8. Jahrhundert die Mauren kamen,
enthaupteten sie in Allahs Namen
Sankt Hilérian an diesem Orte,
wo heute sich öffnet die Kirchenpforte.

Und wenn man der Legende glaubt,
so trug Hilérian sein Haupt
zur Reinigung von dieser Stelle
selbst nach Fontsange, zur nahen Quelle.

Er, der so blutig sein Haupt verloren,
zählt nun zu den Kephalophoren ...
Märtyrer, enthauptet wie Saint Denis,
der Heilige und Patron von Paris.

Espeyrac

In diesem Ort, der zur Abtei von Conques gehörte, soll sich das erste Wunder der hl. Fides ereignet haben. Einem Pilger, von Banditen geblendet, wurde auf Anrufung der hl. Fides das Augenlicht zurückgegeben.

Ein Raub für Conques

Im 8. Jahrhundert wurde in Conques, das seinen Namen von der muschelförmigen Senke hat, in welche der Ort eingebettet ist, von Karl dem Großen ein erstes Kloster gestiftet. Jedoch es war arm, es fehlten ihm Reliquien und Nachwuchs. So wurde ein Mönch beauftragt, sich in Agen als Mönch zu bewerben. Nach zehn Jahren war er endlich aufgestiegen zum Reliquienwächter im Dienst der hl. Fides.
Am höchsten Festtag des Jahres nützte der Reliquienwächter

das Festmahl der versammelten Kleriker und raubte die Reliquien. So gingen Reliquie und Räuber, die Heilige und der Mönch nach Conques auf die Flucht. Als man den Diebstahl bemerkte und die Verfolgung aufnahm, wirkte die Heilige Wunder, so als wolle sie freiwillig gehen. Und das Wunderbuch des Abtes von Conques füllte sich Seite um Seite. Im 11. Jahrhundert entstand der Chanson de St. Foy und zwei weitere Bände von Wunderbüchern
Es kann sich jedoch auch viel nüchterner abgespielt haben: Vor dem Eindringen der Wikinger im 9. Jahrhundert hat man vielerorts die wertvollen Reliquienschreine und Altargeräte vergraben oder ist mit ihnen vor den Feinden geflohen.

Fides war als Bürgertochter von Agen im Jahre 303 im Alter von 12 Jahren enthauptet worden, weil sie sich weigerte, die heidnischen Götter anzubeten. St. Foy bedeutet zu Deutsch St. Getreu. In Oberfranken gibt es das Patrozinium St. Getreu an mehreren Orten, z.B. in Bamberg. Bei der Gründung bestand nachweislich eine Verbindung nach Conques.

Tympanon von Conques

Herrliches Mittelalter, das ein solches Kunstwerk schuf! Schreckliches Mittelalter, das den furchtsamen Menschen Schrecken und Angst vor der Hölle einjagte! Damals, als man den Pilgern die Strafen für alle ihre Todsünden noch so drastisch vor Augen führte:

Der Wilddieb wird vom Wild zur Strecke gebracht, der Geizhals erstickt an seinem Geldbeutel, die Lüsternen sind zusammengekettet, dem Verleumder wird die Zunge herausgerissen, und der Säufer spuckt alles aus, was er im Leben getrunken hat ...

Wie schön, dass wir nach all diesen grausigen Ermahnungen auch die Erlösten erkennen dürfen, die friedlich und geordnet zur Rechten Christi stehen. Wenn wir dann dieses überreiche Tympanon, diese Bibel der Armen, endlich zu Ende gelesen haben, verlassen wir uns einfach auf die Fürsprache der hl. Fides, der sich die Hand Gottes sichtbar zuwendet. Und schließlich entdecken wir noch die neugierigen Engelchen, die vom äußeren Bogen ganz vorsichtig in das Geschehen dieses Jüngsten Gerichtes spitzen.

Aber warum fürchten wir uns nicht mehr, wie die Menschen früher? Auch nicht die Gläubigen? Vielleicht haben wir endlich hinter dem Zerrbild eines Rachegottes das eigentliche Bild unseres Schöpfers entdeckt, das Lächeln eines liebenden Gottes.

Im Quercy

Ehrwürdige Mauern,
im Moos verkrochen.
Hohlwege hören
lautloses Stöhnen.
Kalkkiesel schlucken
silbernen Schweiß

Pilger steigen
im Karstgestein:
leichtfüßig, gelassen,
verzweifelt, geschunden,
getragen vom
Pilgersegen in Conques

Figeac

Hieroglyphen, Hieroglyphen,
Zeichen, Bilder und Begriffe.
Keiner konnte sie verstehen,
keiner wusste sie zu deuten ...

Champollion, der Sprachgelehrte,
fand im Koptischen den Schlüssel,
um die Platte, La Rosette,
einfach wie ein Buch zu lesen.

Südlich der Kirche, am Place de la Raison, steht ein Obelisk zu Ehren Jean-Francois Champollons, eines Sprachgenies, 1790-1842. Mit neun Jahren beherrschte er Latein und Griechisch, mit vierzehn Arabisch, Chaldäisch und Syrisch. Er wurde berühmt durch die Entzifferung von ägyptischen Hieroglyphen auf einem Steindenkmal, La Rosette, der heute im Louvre liegt, das Original steht jedoch im Museum von Figeac.

Moissac – Tympanon

Zu Beginn des 12. Jahrhunderts hat der Steinmetz diese seine Vision der Apokalypse des Johannes (Offb 4) in den Pyrenäenmarmor des Portals geschlagen, ein Höhepunkt romanischer Kunst.

Christus als Weltenherrscher thront in Majestät, umgeben von Engeln, den vier Evangelisten, während die 24 Ältesten zu ihm aufschauen. An der Wand der Vorhalle rechts ein Zyklus der Kindheit Jesu und links Abrahams Schoß, der arme Lazarus, die Höllenqualen der Geizhälse und Lüsternen. Wenn man in den Narthex eintritt, kann man im Gewände die Silhouette des hl. Petrus und des Propheten Jeremia bewundern.

Moissac – Kreuzgang

Der romanische Kreuzgang stammt aus dem Jahr 1100, wurde 1212 von Simon de Montfort zerstört, aber noch im gleichen Jahrhundert in der ursprünglichen Form wieder hergestellt. Fast wäre jedoch im Jahr 1856 dieser einmalige Kreuzgang mit seinen 4 Galerien, herrlich bearbeiteten Mittel- und Eckpfeilern und 76 Kapitellen mit biblischen Szenen der neuen Eisenbahntrasse nach Bordeaux zum Opfer gefallen. Nur der energische Protest der Bevölkerung rettete diese Kostbarkeit. Die Schienen wurden einen Meter hinter die Kreuzgangmauer gelegt. Heute fahren Züge mit 100 Stundenkilometern hinter dem Kreuzgang durch das ehemalige Refektorium der Mönche.

Vertrauen

Es fällt kein Haar von eurem Haupt
ohne den Willen eures himmlischen Vaters ...
Das kennen wir.
Das wissen wir
von Kindesbeinen an.

Und weil ich das weiß,
sorge ich mich nicht mehr,
wehre ich mich nicht mehr.
Und mein Herz ruht aus
vertrauensvoll ... in Seiner Hand.

Cahors – Die Valentrébrücke

Der Bau dieser Brücke über den Fluss Lot im 14. Jahrhundert, zog sich in die Länge. Darauf hin hatte der Architekt mit dem Teufel einen Pakt geschlossen. Er vermachte ihm seine Seele, dafür musste der Teufel beim Bau der Brücke alle seine Aufträge ausführen. Der Bau ging nun zügig voran. Kurz vor der Vollendung ersann der Baumeister eine List, um seine Seele zu retten. Er verlangte vom Teufel, ihm von den Quellen des Lots Wasser zu bringen, aber in einem Sieb. Natürlich konnte der Teufel keinen Tropfen herbeischaffen. Als er nun erkannte, dass er das Spiel verloren hatte, versuchte er, in seiner Wut einen Eckstein aus dem mittleren Turm zu reißen. Dieser Turm trägt seither den Namen „Tour du Diable", Teufelsturm, und wer in die Höhe schaut, kann oben an der Außenmauer des Turmes den kleinen Teufel immer noch hängen sehen.

Rocamadour

Wie an den Felsen geschmiedet steckt da ein Eisenprügel hoch oben in der Felswand. Er gilt als das berühmte Schwert Durendal. Wirklich beim Überfall der Basken von Roland geworfen am weit entfernten Pass von Roncesvalles?

Rocamadour – Chapelle mysterieuse

Ursprünglich hatte sich St. Amadour als Einsiedler in diesem einsamen Tal niedergelassen und eine der Madonna geweihte Pilgerstätte errichtet. Später begrub man dort die Toten des Ortes, damit sie nach mittelalterlichem Brauch gemeinsam mit dem Heiligen den Jüngsten Tag erwarten. Die heutige Gnadenkapelle war ehemals die Stätte eines Cybele-Kultes, der Göttin der Fruchtbarkeit, die man oft auf Bergeshöhen verehrte.

Später kamen zur Notre Dame des Pauvres – Unsere Lieben Frau der Armen – Scharen von Andächtigen. Einmal soll eine Ablassprozession mit 30.000 Menschen über die 233 Stufen zur Schwarzen Madonna gezogen sein.

Abt Geraud ließ 1172 das berühmte Wunderbuch schreiben,

das auch Einfluss hatte auf spätere Mirakelbücher, wie auf die „Cantigas de Santa Maria“ von Alfons d. Weisen im 13. Jahrhundert *(siehe auch Vilalcázar de Sirga)*.
Auch deutsche Pilger sind in diesem Wunderbuch erwähnt. In der „Chapelle mysterieuse“ hängen Ketten von den durch die Fürbitte Mariens befreiten Gefangenen. Im Gewölbe gibt es eine Eisenglocke aus dem 6. Jahrhundert, die immer dann anschlug, wenn die Gnadenmutter ein Wunder wirkte.

Maria ... eine ganz normale Frau

Eine bescheidene Frau,
die in Demut „Ja“ sagt
zum unbegreiflichen Angebot Gottes.

Eine gläubige Frau,
die voller Mut zustimmt,
obwohl ihr die Steinigung droht.

Eine ängstliche Frau,
die ihr Kind vermisst
auf dem Heimweg von Jerusalem.

Eine verwirrte Frau,
die sich mit Seinen Brüdern fragt:
Ist Er denn noch bei Sinnen?

Eine bekümmerte Frau,
die sich sorgt um den Sohn,
der viel zu viel riskiert.

Eine gequälte Frau,
die mit Ihm leidet
bis hin zum bitteren Ende.

Eine offene Frau,
die den Geist empfängt
im Kreise Seiner Jünger.

Nur eine einfache Frau.
Die Frau aller Frauen.
Die vollkommene Frau.

La Romieux

Die Katzenlegende erzählt von einem kleinen Mädchen namens Angeline, das 1338 in La Romieux, einem Dorf in der Gascogne, geboren wurde. Der Vater wurde beim Baumfällen von einem Baum erschlagen und die Mutter grämte sich bald darauf zu Tode. Angeline wurde von Nachbarn aufgenommen und lebte wie ihr eigenes Kind. Katzen liebte sie sehr und teilte oft ihren Essnapf mit ihnen. Nach einem sehr harten Winter und verregnetem Frühjahr und Sommer gab es eine Missernte und eine große Hungersnot. In ihrer Not bereiteten die Bewohner aus allen Katzen, die sie einfangen konnten,

Frikassee. Die Eltern Angelines, die außerhalb wohnten, erlaubten es dem Mädchen, auf dem Dachboden ein Katzenpärchen zu verstecken, obwohl bereits viele Dorfbewohner am Hunger starben.
Als die Zeiten endlich besser wurden, hatten sich die Ratten so vermehrt, dass sie die Ernte bedrohten. Die Dorfbewohner jammerten über die Schäden, die so viele Ratten anrichteten. Da öffnete Angeline den Dachboden, und ihre inzwischen auf 20 Tiere angewachsene Katzenfamilie machte der Rattenplage schnell ein Ende. Angeline rettete so La Romieux vor weiterem Unheil.
Man sagt, das Gesicht Angelines habe mit der Zeit Katzenzüge angenommen.

Der Bildhauer Maurice Serreau aus Orleans hörte die Geschichte und verewigte sie in vielen Katzenfiguren, die nun im Ort auf den Dächern, in den Fenstern und an den Wänden sitzen.

Immer ...

Immer, wenn du weinst ... tröstet Er dich.
Immer, wenn du leidest ... leidet Er mit dir.
Immer, wenn du zweifelst ... glaubt Er an dich.
Immer, wenn du ihn fragst ... antwortet Er dir
Immer, wenn du Ihn suchst ... erwartet Er dich.
Immer, wenn du Ihm öffnest ... kehrt Er bei dir ein.
Immer ...

San Juan de la Peña

Unterhalb einer 80 m hohen Felswand aus Nagelfluh, frisch wieder verfestigtes Geröll – liegt in 1220 m Höhe das Kloster. Die Legende: Im 8. Jahrhundert verfolgte der junge arabische Ritter Voto aus Zaragoza als Jäger einen Hirsch, nur das Erscheinen Johannes des Täufers verhinderte, dass Voto von einem hohen Fels in den Abgrund stürzte. Er stieg vorsichtig in die Tiefe und entdeckte eine Höhle mit Kapelle, darin den Leichnam des Heiligen Eremiten Juan de Atarés und eine Inschrift über die Geschichte. Wenig später kam er mit seinem Bruder zurück und beide wurden dort Einsiedler.
Man fand hier auch als Reliquie einen wundertätigen Kelch, den sogenannten Gralskelch von San Juan, der heute in Valencia aufbewahrt wird. Das 1025 gegründete Kloster wurde mehrfach durch maurische Überfälle zerstört.

San Juan de la Peña

Verzaubert wandern wir durch den Kreuzgang von San Juan. Wer hat soviel Schönheit nur geschaffen? Im Mittelalter gestaltete der Künstler sein Werk zuerst für den Allerhöchsten. Man durfte also seinen Namen getrost vergessen. Und dieses fromme Siegel, diese ehrfürchtige Widmung prägt heute noch jedes der Kapitelle. Von den prallen, von Leben strotzenden Gestalten Adams und Evas bis hin zur Andacht des Abendmahls. Welch innige Nähe zwischen Jesus und seinem Lieblingsjünger Johannes!

Und wenn die lärmenden Menschengruppen mit ihrem Blitzlichtgewitter wieder gegangen sind, hören wir vielleicht in unserem Innern die einstigen Mönche ihre Stundengebete singen und enträtseln die Inschrift über dem Eingang zur Kirche. Hier steht geschrieben:
Dieses Tor wird für jeden der hindurchgehenden Gläubigen zum Tor des Himmels, wenn er sich bemüht, dem Glauben auch die Gebote Gottes hinzuzufügen.

Abt Virilio im Kloster Leyre

Sinnend ging der Abt Virilio durch den weiten Klostergarten. Unter schattigen Bäumen ließ er sich nieder, ruhte ein wenig aus und lauschte dem Gesang einer Nachtigall. Und wieder, wie so oft, erfassten ihn seine alten Zweifel. „Ewige Glückseligkeit im Himmel, und das in alle Ewigkeit. Könnte das nicht doch irgendwann einmal langweilig werden ..."
Schließlich erhob er sich und ging zurück zum Kloster. Doch das Gebäude erschien ihm seltsam verändert. An der Pforte fragte ihn ein völlig fremder Pförtner nach seinem Begehr. „Ja, erkennt ihr mich nicht", fragte der Abt voller Entsetzen, und gab sich schließlich als Abt Virilio zu erkennen. Doch auch ein solcher war dem Pförtner nicht bekannt.
Erstaunt und erschreckt rief man die Klostergemeinschaft zusammen und schließlich wusste der Archivar: „War nicht vor 300 Jahren ein Abt dieses Klosters namens Virilio verschwunden, ohne jemals zurückzukehren?"
Nun endlich verstand der Abt: Beim Lied einer kleinen Nach-

tigall war ihm eine einzige Stunde zu dreihundert Jahren geworden. Und was ist schon der Gesang eines Vogels gegen alle künftigen Seligkeiten des Himmels?

Als Gott, der Vater weinte

Sie sagen:
Im Himmel hätte einer geweint,
als die Ägypter ertranken,
damals im Roten Meer.
„Es sind doch alles meine Kinder",
hättest Du geweint.

Nun muss ich Dich fragen:
„Wie hast Du dann geweint,
als sie Deinen eingeborenen Sohn,
den innig Geliebten,
ermordeten auf diese Weise?
Hast Du damals nicht geweint?"
„Habe ich doch Euch dafür gewonnen!"

Liebe

Einst lebte ein reicher Mann mit seiner Frau. Da geschah der Frau ein Unglück und sie verlor ein Auge, was sie sehr betrübte. Da sprach der Mann zu ihr: Warum betrübst du dich so? Du solltest nicht so traurig sein, dass du ein Auge verlo-

ren hast.“ Da antwortete die Frau: „Ich bin nicht deshalb betrübt, weil ich ein Auge verloren habe. Ich bin traurig, weil ich glaube, dass du mich nun weniger liebst“. Er antwortete wiederum: „Du weißt doch, dass ich dich liebe.“ Doch sie glaubte ihm nicht.
Da ging der Mann und stach sich selbst ein Auge aus. Nun kam er zu seiner Frau zurück und sprach: „Damit du mir endlich glaubst, dass ich dich liebe, habe ich mich dir gleich gemacht. Jetzt habe ich auch nur noch ein Auge.“

Genau so ungläubig ist der Mensch. Er glaubte nicht, dass Gott ihn liebt, bis Er sich selbst ein Auge ausstach, menschliche Natur annahm, um dem Menschen gleich zu sein.

Aus den Predigten des Meister Eckhart

Im Geburtsschloss des hl. Franz Xaver

An den „Lächelnden Christus"

Was lächelst Du, Gekreuzigter?
Hat man Dich nicht bespuckt und verspottet?
Hat man Dich nicht gequält und zerschlagen?
Hast Du sie nicht mehr im Ohr
die gellenden Schreie: Kreuzige ihn?
Wie kannst Du noch lächeln?

Was lächelst Du, Gekreuzigter?
Hast Du den Balken nicht durch die Gassen geschleift?
Hast Du nicht längst gewusst, was gescheh'n wird?
Hat man Dich nicht allen zur Schau gestellt,
ans Holz geheftet wie ein Fetzen Papier?

„Ich lächle, ... weil ich Euch dennoch liebe"
sprach plötzlich eine Stimme.
... Sprach da Seine Stimme?

Gebet des hl. Franz Xaver

Herr, lehre mich die wahre Großmut:
Geben, ohne zu zählen ...
Kämpfen, unbekümmert um Verwundung ...
Mich aufopfern,
ohne einen andern Lohn zu erwarten
als das Bewusstsein:
Deinen heiligen Willen erfüllt zu haben.

Eunate

Eunate, hundert Tore ...
Einsam ruht dein Oktagon.
In das sanfte Ährenrauschen
mischt sich stummer Glockenton.

Tempelritter, Jakobspilger,
wer auch immer hier geruht,
wen auch immer du geborgen,
deine Stille tut so gut.

Eunate ist baskisch und bedeutet: Hundert Tore.

Obanos

Wilhelm, eines Grafen Sohn aus Aquitanien war zusammen mit seiner Schwester Felicia auf dem Rückweg von Santiago nach Hause. Als sie in Obanos ankamen, weigerte sich die Schwester, mit ihm zurückzukehren. Sie wollte Kranke pflegen und so ihr künftiges Leben Gott weihen. Wilhelm versuchte mit vielen Worten, sie umzustimmen, doch es gelang ihm nicht. So geriet er in furchtbare Wut, schlug auf sie ein, und als er wieder zu sich kam, sah er die Schwester tot am Boden liegen. Da ergriff ihn tiefe Reue. Sofort fasste er den Entschluss, für diese Untat Buße zu tun. Auf dem Berge nahe dem Ort Obanos baute er sich eine kleine Klause. Dort lebte er als frommer Einsiedler, bis er im Ruf der Heiligkeit verstarb.

Jedes Jahr in der Karwoche wird diese Geschichte von der Bevölkerung in Obanos nachgespielt. Wilhelms Haupt, als Reliquie mit Silber beschlagen, wird in feierlicher Prozession durch das Dorf getragen. Dann wird Wein gesegnet, durch diese Kopfreliquie gegossen und anschließend als schaurig frommer Trunk den Gläubigen ausgeschenkt.

St. Jean Pied de Port

Hier im letzten Ort vor den Pyrenäen – oder vorher in Ostabat – musste der mittelalterliche Pilger überwintern.
Im „Gefängnis der Bischöfe" – eine Erinnerung an die Zeit von 1383-1417, als der Ort während des Schismas von Avignon Bischofssitz war – wurden falsche Pilger und Schnorrer eingelocht.

Auch heute beginnen wieder viele Pilger ihren Weg in St. Jean Pied de Port in dem Glauben, da beginne der Jakobsweg. Dabei sagte man doch im Mittelalter: „Der Jakobsweg beginnt an deiner eigenen Haustüre", oder auch „... an deinem eigenen Bettpfosten!"

Danke ...

Wenn ich mich nicht mehr mag,
magst Du mich noch.
Wenn ich mir nicht mehr traue,

traust Du mir noch.
Wenn ich mich nicht mehr ertrage,
erträgst Du mich noch.
Wenn ich mich nicht mehr liebe,
liebst Du mich noch.

Danke, dass Du mich liebst ...

Der Rolandsstein am Pass von Ibañeta

Gegen Ende des 8. Jahrhunderts geriet die Nachhut Karls des Großen in den Hinterhalt spanischer Basken. Roland versuchte noch, mit seinem Horn Olifant den Kaiser zu Hilfe zu rufen, der wegen des Sachsenaufstands mit seinen Truppen bereits auf dem Rückweg nach Frankreich war. Doch umsonst. So wollte er wenigstens sein Schwert, das berühmte Schwert „Durendal", zertrümmern, damit es nicht in die Hand des Feindes fiel. Als ihm auch das nicht gelang, warf er es kurz vor seinem Tod weit in die Ferne ... (nach Rocamadour, meint die Legende)
Über den heldenhaften Kampf der Franken berichtet das Rolandslied, das altfranzösische Nationalepos „Chanson de Roland".

Pilgerkreuze am Pass von Ibañeta – Ein alter Brauch lebt wieder auf

Kreuze wurden hier auf dem Pass schon von den mittelalterlichen Pilgern aufgestellt. Bis vor einigen Jahren gab es dort keine Kreuze mehr. Doch nun ist dieser Brauch wieder aufgelebt. Jetzt werden von vielen Pilgern wieder Kreuze aller Art den Pass hoch getragen und dort in die Erde eingerammt.

Damals und heute

Lange war er vergessen,
der Jakobsweg.
Viele hundert Jahre.
Jetzt gibt es sie wieder,
die Pilger auf dem Weg.

Wir gehen anders als damals,
ausgerüstet mit
Scheckkarte und Handy,
gekleidet in Hightech und Funktion:

Wir gehen doch wie damals,
suchen uns selbst und mehr,
mit Sehnsucht im Herzen
und mit Blasen an den Füßen.

Roncesvalles

Die Augustinerabtei Roncesvalles wurde bereits 1132 von König Alfons I. von Aragón und Navarra als Pilgerherberge gegründet. Das Kloster war berühmt für seine Gastfreundschaft. Zuerst wusch man dem Pilger als symbolischen Akt die Füße, dann erhielt er bis zu drei Übernachtungen, Mahlzeiten, Krankenpflege und Schuhreparatur. Im 12. Jahrhundert gab man hier mehr als 30.000 Pilgermahlzeiten im Jahr aus.

Auch heute findet der Pilger dort eine Pilgerherberge und erhält in der Stiftskirche den Pilgersegen.

Pamplona – San Fermin

Die Straße „Estafeta", führt zur Stierkampfarena. Die San Fermines, die Fiesta vom 6.-15.7, ist die große Feier zur Übertragung der Reliquien des hl. Firminius in seine Kapelle im Westen der Altstadt. Danach beginnen die „Encierros", das berühmte Stiertreiben, bei dem junge Männer, und heute auch Frauen, vor den Stieren herlaufen und damit ihren Mut beweisen wollen. Dabei gibt es immer wieder Unfälle, doch fast immer verursacht durch übermäßigen Alkoholgenuss der „Mutigen".

Pamplona – Die Eselin des Jakobus

Zu Pferd kam in Pamplona an
mit Frau und zwei Kindern ein Edelmann.
Des Pilgers Weib, es wurde schwer krank.
Ein Wirt nahm sie auf, Jakobus sei Dank.
Als kurze Zeit verstrichen war,
verschied das kranke Weib sogar.

Nun zeigte der Wirt sein wahres Gesicht:
„Nur wenige Taler genügen mir nicht.
Ihr wart hier so lange, habt so viel verzehrt.

Mir gehört eure Habe und auch euer Pferd.
Da half ihm kein Jammern und kein Klagen,
der Pilgersmann musste die Kinder nun tragen.

Bis kurz darauf am Wegesrand
ein Fremder mit seinem Esel stand.
Den hörten sie voll Mitleid sagen:
„Ich leih' dir den Esel, die Kinder zu tragen."
Kaum kamen sie glücklich am Jakobsgrab an,
erkannten sie dort jenen Wandersmann.

Es war St. Jakobus, der Pilger Patron.
Er sprach: Euer Wirt, er bekam seinen Lohn.
Er ist nun verschieden von dieser Welt,
ihr erhaltet zurück euer Pferd, euer Geld.
Nach Pamplona wird euch mein Esel begleiten,
so können die Kinder nach Hause noch reiten."

So sind sie gesund nach Pamplona gekommen
und trafen es an, wie sie vorher vernommen.
Es wartete schon das eigene Pferd,
und all ihr Geld von hohem Wert.
Kaum hatten sie alles so wieder gefunden,
war der Esel St. Jakobs ganz plötzlich verschwunden.

Vor dem Puerto de Perdón – Pass der Vergebung

Die „Reniega-Quelle“, die „Quelle der Ablehnung“ entstammt der folgenden Legende:
Ein Teufel erwartet einen völlig erschöpften und durstigen Pilger und bietet ihm an, ihm eine Quelle zu zeigen, wenn er verspreche, auf die weitere Pilgerschaft zu verzichten. Nach der Verweigerung des Pilgers erscheint ihm Santiago im Pilgergewand, zeigt ihm die Quelle und gibt ihm selbst aus einer Jakobsmuschel, einer „vieira“, zu trinken.

Jakobsmuschel

Die Jakobsmuschel ist nicht nur
ein Lebewesen im Meer,
Sie ist auch Wiege der Venus,
Symbol der Fruchtbarkeit,
Wasserbecken zur Taufe,
Zeichen der Jakobspilger:
Der älteste Beweis,
dass er in Santiago war.

Jakobusfigur in der Santiagokirche in Puente la Reina

Puente la Reina – Frage an Jakobus

Er lockte dich von deines Vaters Haus
und weder Ruhm noch Reichtum bot Er dir dafür.
Dein ganzer Lohn war Heimatlosigkeit
und Sein Versprechen auf ein unsichtbares Reich.

Die Angst war dein Versteck
als er auf Golgatha verblutet,
und Sein Vermächtnis war der Richtklotz für dein Haupt.
Was war an Ihm, dass du ihm blind gefolgt bist?

Das Hauptportal der Santiagokirche in Puente la Reina öffnet sich, wie auch bei den meisten anderen Kirchen am Pilgerweg, nicht wie üblich, im Westen, sondern immer zum Pilgerweg hin.

Estella – San Pedro de la Rúa

Ein fremder Pilger aus fernem Land verstarb unerkannt in Estella. Er fand im Kreuzgang sein Grab. Eines Nachts erschien ein geheimnisvolles Licht über der Grabstelle. Dies war im Mittelalter Anlass genug, das Grab noch einmal zu öffnen.
Man fand ein Dokument als Beweis: Hier lag ein Bischof von Patras. Bei sich trug er eine unschätzbar wertvolle Reliquie aus der Schulter des hl. Andreas. Sie war als Votivgabe gedacht für das Ziel des Pilgers, für die Kathedrale von Santiago de Compostela.

Doch nun wollte man die kostbare Andreas-Reliquie in Estella behalten. Man richtete ihr eine eigene Kapelle ein in der Kirche San Pedro de la Rúa. Den hl. Andreas jedoch ernannte man – ob zum Trost, ob zum Dank – zum Stadtpatron von Estella.

Über dem Kirchenportal findet sich erstmals ein „Chrismon", ein Christusmonogramm, jedoch mit dem Omega links und dem Alpha auf der rechten Seite. Viel wird da hinein gedeutet, doch die Lösung ist recht einfach. In Spanien waren beim Bau der Kirchen und Kathedralen sehr viele maurische Handwerker beschäftigt – die man einfach als die besten Handwerker kannte – und die schrieben nun eben von rechts nach links.
Auf einem Kapitell gegenüber der Kirche ist der Zweikampf Rolands gegen Ferragut dargestellt, der in Nájera stattfand.

Estella – Wasser und Wein

In Estella wird nicht, wie später hinter Cirauqui, vor dem unbekömmlichen Wasser des Flüsschens gewarnt. Sondern hier schreibt der Codex Calixtinus, der mittelalterliche Pilgerführer von 1139: „In Estella fließt die Ega, deren Wasser mild, rein und ausgezeichnet ist."

Noch viel beliebter ist jedoch bei den heutigen Pilgern im Nachbarort Irache (Ayegui) der „Pilgerbrunnen", den die Winzergenossenschaft 1991 für die Pilger eingerichtet hat.

FUENTE DE IRACHE

Hier kann sich der Pilger kostenlos mit frischem Wasser, aber auch mit einem Schluck kräftigen Rotwein stärken. Und weil so mancher Pilger die spanische Warnung, sich nur zu stärken, aber keinen Wein abzufüllen, vielleicht nicht lesen kann, ist der Weinbrunnen inzwischen überall von zu Hause mit der Webcam zu betrachten (www.ultreia.de).

Wasser des Lebens – Der köstliche Wein

Sir 31,27-31

Wie ein Lebenswasser ist der Wein für den Menschen, wenn er ihn mäßig trinkt. Was ist das für ein Leben, wenn man keinen Wein hat, der doch von Anfang an zur Freude geschaffen wurde?
Frohsinn, Wonne und Lust bringt Wein, zur rechten Zeit und genügsam getrunken. Kopfweh, Hohn und Schimpf bringt Wein, getrunken in Erregung und Zorn. Zu viel Wein ist eine Falle für den Toren, er schwächt die Kraft und schlägt viele Wunden.
Beim Weingelage nörgle nicht am Nachbarn herum, verspotte ihn nicht, wenn er heiter ist. Sag zu ihm kein schmähendes Wort, und streite mit ihm nicht vor den Leuten!

Am Rio Salado bei Cirauqui

Der Codex Calixtinus, warnt vor dem Flüsschen, dem Rio Salado:
„Wagt nicht, aus ihm zu trinken, nicht du und nicht dein Pferd, denn er ist ein todbringender Fluss! Auf dem Wege nach Santiago, an seinem Ufer sitzend, trafen wir zwei Navarreser, die ihre Messer schliffen, wir fragten sie und sie belogen uns. Sie antworteten, das Wasser sei trinkbar, so dass wir unsere Pferde davon tränkten, von denen sofort zwei starben, die von den Navarresen unverzüglich enthäutet wurden."

Clavijo

Zu Füßen der alten Burg sollen die Christen mit Hilfe Santiagos den maurischen Heerführer El Andalús besiegt haben. Nach der Legende erschien dem König Ramiro I. von Asturien im Jahre 834 der hl. Jakobus als „Matamoros", als „Maurentöter" schwertschwingend auf einem weißen Pferd. Die Mauren riefen „Mohammed", die Christen schrieen „Santiago". Seither ist Santiago Patron der Reconquista und Schutzherr Spaniens. Legendärer Anlass zu dieser Schlacht war die Weigerung der Christen, weiterhin den Tribut von jährlich 100 Jungfrauen für die Harems des maurischen Adels zu entrichten.

Du bist verirrt?
Schau nur voraus!
Da ist schon einer,
der dich führen will!

Du bist erschöpft?
Schau hinter dich!
Da kommt schon einer,
der dich stützen will!

Du bist verzagt?
Schau neben dich!
Da steht schon einer,
der dich trösten will.

Du bist verletzt?
Schau über dich hinaus!
Da wartet einer,
der dich heilen will!

Nájera – „Ort zwischen den Felsen“

Über das Flüsschen Najerilla soll die Brücke „Mantible“ geführt haben, auf der Roland den Riesen Ferragut bezwang. Das Heer Karls des Großen belagerte 778 Nájera, als der maurische Kommandant Ferragut die Christen aufforderte,

einzeln gegen ihn zu kämpfen. Ferragur soll so stark und von riesiger Statur gewesen sein, dass er einzelne Gegner einfach unter den Arm klemmen und sie davon tragen konnte.
Roland kannte aber die Vorliebe des Mauren für theologische Diskussionen. So verwickelte er den Gegner in lange Streitgespräche, bis dieser völlig verwirrt war. Am Ende wusste Roland auch um die einzig verwundbare Stelle Ferraguts. Beim anschließenden Zweikampf gelang es ihm nun, den Widersacher zu besiegen.

Diesen Zweikampf Rolands gegen Ferragut fanden wir bereits dargestellt auf einem Kapitell gegenüber der Kirche San Pedro de la Rúa in Estella.

Nájera – Kloster Santa Maria la Real

König Sancho III. ging 1032 auf Beizjagd. Sein Falke verfolgte eine Taube und beide verschwanden in einer Grotte. Dort fand Sancho beide friedlich beisammen vor einem Marienbild, daneben eine Glocke und eine Grubenlaterne. Der König ließ ein Kloster errichten, das zur Grabstätte der Könige von Nájera wurde.
Das Marienbild, die Glocke und Laterne ist am Hochaltar der Klosterkirche zu sehen.
Im 11. Jahrhundert wurden die Benediktinermönche dieses Klosters beschuldigt, ihren Abt ermordet zu haben, weil er ihnen die tägliche Weinration gekürzt hatte. Daraufhin wurde der gesamte Klosterkomplex den Cluniazensern unterstellt.

Wer hat dich gerufen?

Sag, Pilger, wer hat dich gerufen?
Welche dunkle Macht zog dich an?
Nicht der Sternenweg, der dir leuchtet,
noch die kostbaren Kathedralen.

Auch nicht das stolze Navarra,
der duftende Wein der Rioja,
nicht die Meeresfrüchte Galiciens,
noch die weite Meseta Kastiliens.

Sag, Pilger, wer hat dich gerufen?
Welche dunkle Macht zieht dich an?
Es sind nicht die Menschen am Wege,
noch all' ihre ländlichen Bräuche.

Es ist nicht Kultur, noch Geschichte,
der Hahn nicht von Santo Domingo,
auch nicht die Paläste von Gaudii,
das Templerkastell Ponferrada.

All' das seh' ich im Vorübergeh'n,
es freut mich, dies alles zu schauen.
Doch diese Stimme, die mich ruft,
die fühl' ich viel tiefer im Innern.

Und diese Macht, die mich vorwärts treibt,
die kraftvolle Macht, die mich an sich zieht,

ich kann sie mir selbst nicht erklären.
Es kennt sie nur Er von dort oben!

spanisch von: Pfarrer Don Eugenio Garibay Baños, Nájera

Santo Domingo

Als Hütejunge geboren, bewarb er sich schon in früher Jugend um den Eintritt in ein Kloster. Obwohl er in Valvanera und San Millán studiert hatte, wurde er abgelehnt. Als er beobachtete, wie die Pilger an allen Flüssen vor fast unüberwindlichen Hindernissen standen, beschloss er, im Jahr 1044 in Santo Domingo eine erste Brücke über den Fluss Oja zu bauen. Er richtete auf dem Platz des heutigen Paradors eine Pilgerherberge ein, wo er Pilger betreute und ihnen persönlich die Füße wusch. Als dieser Einsatz dem König Alfons VI. zu Ohren kam, wurde er sein großer Mäzen. Später lehrte Santo Domingo seinen Schüler San Juan de Ortega die Kunst des Straßen- und Brückenbaus, damit dieser die segensreiche Tätigkeit weiterführen konnte. 1100, nach dem Tod Domingos, entstand um sein Grab der Marktflecken gleichen Namens. Die Kirche über seinem Grab wurde bald zur Kathedrale erhoben. Heute noch berühren Gläubige die romanische Steinfigur des Heiligen in der Grabkrypta unter dem Schaugrab. Ketten von Gefangenen sind zu sehen, die durch die Fürsprache von Santo Domingo die Freiheit wieder erlangten.

Santo Domingo de la Calzada – das „Hühnerwunder"

Im 16. Jahrhundert war es, so sagt die Legende, da zog eine Familie zum fernen Santiago. Aus Xanten kamen sie, die Eltern und ihr junger Sohn, so heißt es weiter. Am Abend kehrten sie ein, in einem kleinen Ort, in Santo Domingo von der Straße.

Die Wirtstochter aber verliebte sich in den blonden Jüngling. Der wies die dunkle Schöne ab. Da schwor die stolze Spanierin ihm Rache und versteckte einen schweren Silberbecher im Gepäck der Familie. Am nächsten Morgen sandte sie die Schergen nach. Den Becher fand man schnell, und ohne Umstand, wie es im Mittelalter üblich war, knüpfte man den Jungen auf.

Was blieb den leidgeprüften Eltern noch, als kinderlos und trauernd nach Santiago weiter zu ziehen. Viel später, schon auf dem Heimweg, wünschte die Mutter, ihren toten Sohn am Galgen noch ein letztes Mal zu sehen. O Wunder, der Totgeglaubte sprach sie an: „Geliebte Eltern, seht, ich lebe! Denn Sankt Jakobus selbst hat mich gehalten!“ (Manchmal ist dieser Retter auch Santo Domingo!)
Sie kehrten im Triumph zur Stadt zurück. Den Richter, den Corregidor, fanden sie beim Mittagsschmaus. Geschmorte Hühner lagen auf dem Tisch. „Und Ihr behauptet, Euer Sohn, er lebt?“ so spottete der und lachte sie aus. „Er lebt so wahr, wie diese Hühner fliegen!“ Doch kaum war noch das letzte Wort verklungen, so wuchsen den gebratenen Hühnern neue Federn. Laut gackernd flogen sie vom Teller auf. Der Richter, auf den Tod erschrocken, eilte nun persönlich zum Richtplatz, und fand den Jungen lebend, wie man ihm gesagt.
Was dann geschah, weiß keiner mehr genau. Ob man das Mädchen nun hängte oder doch begnadigte, ist nicht bekannt. Wie dem auch sei, der Pilger kann seither in dieser Kathedrale Hahn und Hühner finden. Sie gackern laut und bei der Messe kräht der Hahn.

Im Südschiff der Kathedrale hängt ein Stück Holz, das man für einen Teil vom Galgens des Jungen hält.
Diese Legende hat sich mit dem Buchdruck in ganz Europa verbreitet. Es gibt viele Darstellungen auch in Deutschland, und das Domarchiv in Fulda bezeugt einen mittelalterlichen Hühnerhort, dessen Hühner aus Eiern von Santo Domingo de la Calzada gezüchtet waren.

Auch das Wahrzeichen Portugals, der Hahn, soll von Santo Domingo de la Calzada abstammen.

Santo Domingo de la Calzada – Dreifaltigkeit

Wer bist du, Gott?
Allmächtiger Schöpfer von Anbeginn?
Gerechter Richter am Ende der Zeit?
Gütiger Vater unserer Not?

Wer bist du, Gott?
Armseliges Kind der Jungfrau aus Nazaret?
Bauhandwerker in Tiberias?
Strahlender Sieger auf Golgatha?

Wer bist du, Gott?
Kraft des Vaters, von der Jungfrau empfangen?
Hingabe des Sohnes, am Kreuz verblutet?
Sturm der Liebe zwischen Vater und Sohn?

Wer bist du, Gott?
Jahwe, der Gott der Juden?
Allah, der Gott der Muslime?
Der Dreieinige, der Gott der Christen?

Alle und alles bist Du, mein Gott!

Auf einem Gemälde im Chor der Kathedrale ist die Göttliche Dreifaltigkeit dargestellt in Gestalt von drei Männern in weißen Gewändern.

Pfarrer José Ignacio Díaz in Grañón

„An meiner Kirche die Ruine hier war vor 500 Jahren ein Refugio, eine Pilgerherberge. Ich träume, es zu neuem Leben zu erwecken!“

So sprach zu uns einst Pfarrer Don José Ignacio. Noch schien des Nachts der Mond durchs Dach auf alte Steinmetzzeichen an der Wand. Noch blies der Wind durch leere Fensterhöhlen Der Traum ließ uns nicht los, und viele Freunde träumten in der Heimat mit. Bescheiden ging es vorwärts, Schritt für Schritt. Das erste war ein neues Dach. Dann kamen Wände, Böden, Stuhl um Stuhl, und schließlich brannte Feuer im Kamin

Wo hier in Grañón lange Zeit Ruine war, sind wieder Jakobspilger eingekehrt. Sie finden Ruhe, Frieden, Gastfreundschaft. – So hat sich Don José Ignacios’ Traum erfüllt.

Die Pilgerherberge San Juan in Grañón stammt aus dem 15. Jahrhundert. Sie wurde revitalisiert mit Hilfe der Fränkischen St. Jakobus-Gesellschaft in Würzburg.

Grañón – Die Tür zur Herberge

An diese Türe
klopften sie,
die Armen, die Erschöpften
und baten auf dem Pilgerweg
um Einlass und Quartier.

Durch diese Türe
gingen sie
die Hungernden, die Dürstenden
auf Trank und Speise,
und auf Menschlichkeit.

Aus dieser Türe
kehrten sie
zum Pilgerweg zurück
Erfrischt, gestärkt,
mit neuem Gottvertrau'n.

San Juan de Ortega – El milagro de la luz, das Lichtwunder

Jeweils zur Sonnenwende, im Frühling und im Herbst, schafft der Himmel hier „El milagro de la luz", das Wunder des Lichtes. Es geschieht dann, wenn die untergehende Sonne ihre letzten Strahlen durch das kleine runde Fenster in der Westmauer direkt auf das kunstvoll gearbeitete Kapitell der Ver-

kündigung sendet, das nun aus dem Dämmerlicht der Kirche San Juan de Ortega hervor leuchtet.
Der himmlische Bote verkündigt Maria die Botschaft. Und mit ihrem „Ja“ beginnt das Wunder. Das Wunder des Lichtes beleuchtet hier das wahre Wunder, das mit der Verkündigung beginnt, das Wunder der Erlösung.

Burgos – Der Koffer des Cid

El Cid, der Kämpfer, El Campeador,
so kommt er in der Geschichte vor.
König Sancho, der Zweite, schätzte ihn sehr.
So gab er dem Lehnsherrn, das ist keine Mär,
zur Gattin Cousine Jimena gar.
Der Cid führt sie freudig zum Altar.

Der König starb, sein Nachfolger gar
des Brudermords verdächtig war.
Worauf der Cid mit dem ganzen Heere
androhte, dass er Gefolgschaft verwehre,
bis Ferdinand schwöre frank und frei,
dass er nicht der Mörder des Bruders sei.

Was auch in der Kirche St. Agueda
vor dem Adel und allem Volke geschah.
Nach dem Eid gehorchten dem König die Mannen,
doch den zwang die Schande, den Cid zu verbannen.
Er beschloss, ihn sofort außer Landes zu treiben.

Die Familie sollte im Kloster verbleiben.

Viele der Mannen wollten mit ihm zieh'n.
So brachte der Cid zum Geldwechsler hin
einen Koffer mit schweren Schlössern zum Pfand.
Der Jude gab ihm sofort in die Hand
viele Beutel Goldes, schwer von Gewicht,
doch den verschlossenen Koffer öffnet er nicht.

Seine Kriegszüge brachten dem Cid großen Ruhm.
Die Kriegsbeute stimmte den König selbst um.
In Gnaden zu Haus wieder aufgenommen
ist der Cid zum Geldverleiher gekommen.
„Nun gib' du mir meinen Koffer zurück,
ich kann reichlich zahlen zu meinem Glück!"

„Man öffne den Koffer!" Der Feldherr befahl.
Nicht Schmuck noch Juwelen in reicher Zahl!
Der Inhalt bestand nur aus Felsgestein!
Der Cid aber sprach: „Das Versprechen mein,
es wiegt ohne Zweifel wie Gold so schwer,
und es ernährte mein ganzes Heer."

El Cid, eine heute noch berühmte historische Persönlichkeit, lebte im 11. Jahrhundert. Er ist mit seiner Frau Jimena in der Kathedrale von Burgos unter dem Vierungsstern begraben.
Von 1180 stammt das spanische Heldenepos „Cantar del mio Cid".

INRI

El Cristo de Burgos

In einem Boot hätten sie Dich gefunden ... so sagen sie.
In einem Boot, schwimmend auf dem Meer.
Nikodemus habe Dich geschaffen ...
damals ... in Palästina.

Mit Tierhaut haben sie Dich bezogen,
mit echtem Menschenhaar geschmückt,
Deine Hände mit Fingernägeln versehen,
den Leib bekleidet mit liturgischem Gewand.

Damit Du erscheinen solltest wie im Leben ...
Du ... der lebte vor allem Leben!
Du ... der lebt in allem Leben!
Du ... das Leben selbst.!

Das Kruzifix in einer Südkapelle der Kathedrale wird hoch verehrt.

Wenn sie Dich erkannt hätten

Wenn sie Dich erkannt hätten
Damals in Jerusalem ...

Dann hätte Pilatus,
statt des Urteilsspruchs
vor allem Volke Dir gehuldigt.

Dann hätten die Henkersknechte,
statt Dich zu bespucken,
ihr Knie vor Dir gebeugt.

Dann hätten die Schergen
statt der Dornenkrone
Dir die Herrscherkrone geboten.

Dann hätten Deine Peiniger
statt Dich zu durchbohren
Dir Hände und Füße geküsst.

Dann hätte das ganze Volk
statt seiner Spottrufe
Dir Jubellieder gesungen.

Wenn Sie Dich erkannt hätten,
damals in Jerusalem ...

Wenn wir Dich erkennen würden,
wenn wir Dich erkennen wollten ...

Dann wäre jeder von uns
Dein begeisterter Jünger.

Dann könnten sie nicht mehr sagen:
Wo sind sie denn, die Christen?

Dann würden sie wieder sagen:
Seht, wie sie sich lieben!

Burgos – Las Huelgas Reales

Dieses „Kloster der Königlichen Wonnen“, wurde als königliches Lustschloss der Könige von Leon und Kastilien im 11. Jahrhundert erbaut. 1180 wurde es zum Zisterzienserinnenkloster, das 100 Nonnen aus den vornehmsten spanischen Familien aufnahm. Die Äbtissinnen gehörten immer dem Königshaus an. Im 13. Jahrhundert herrschte das Kloster über mehr als 50 Ortschaften, riesige Ländereien und viele andere Klöster. Die Äbtissinnen nahmen sich das Recht, Novizinnen einzusegnen, Beichte abzunehmen, das Evangelium auszulegen und Gericht zu halten, sogar die Todesstrafe zu verhängen. Kardinal Aldobrandini bemerkte: Wenn der Papst heiraten müsste, wäre die Äbtissin von Las Huelgas die richtige Frau für ihn.

Meseta

Nicht weit hinter Burgos beginnt die Meseta.

Folgender Spruch sagt alles über diese trockene, baumlose, wüstenartige Landschaft:
De Rabé hasta Tardajos, no te faltaran trabajos, de Tardajos hasta Rabé ... libera nos Domine.

Von Rabé nach Tardajos wirst du dich quälen. Von Tardajos nach Rabé ... erlöse uns, o Herr,

Meseta

Endlose Weite,
tiefblauer Himmel,
Wolken aus Staub

Wogende Ähren,
schwebende Falter,
blutroter Mohn.

Baumlose Ebene,
Lerchen und Frösche,
gnadenlose Glut.

Pilger in der Meseta.
gehen schweigend, Schritt für Schritt,
Gehen wie in der Wüste.

Gehen und suchen
den brennenden Dornbusch,
der nicht verbrennt.

Wasser

Wie kostbar Wasser wird

... wenn im Staub der Straße
deine Atemluft erstickt

... wenn in der Sonnenhitze
deine ganze Kraft verglüht
... wenn in der feuchten Schwüle
alle deine Sinne schwinden
... wenn der wüste Weg
dich trotzdem weiter zwingt.

... wenn du, wie dem Tod entronnen,
jeden Tropfen schlürfst
wie schwerer Wein.

Frómista – St. Martín

Mächtig erscheint uns dieses Gotteshaus als Musterbeispiel der reinsten Romanik, ein Entzücken für alle Freunde der Kunst. Harmonie und Symbolik in den über 300 Sparrenköpfen, im Innern unzählige Kapitelle als Bilder der Biblia pauperum, als Bibel der Armen.
Und doch: Was ist von dem mächtigen Kloster geblieben? Nur noch ein reiches Museum.
Die Mönche sind verschwunden, ihr Chorgesang verhallt, verklungen die täglichen Wandlungsworte der Heiligen Messe, die Gebete der Gläubigen. Nur durch sie wurde das Gotteshaus zum Heiligtum.

Einmal im Jahr erwacht sie noch zum Leben, am Patronatsfest des hl. Telmo, des Patrons von Frómista. Und manchmal hört man das Weinen eines Täuflings, das Eheversprechen bei einer Trauung, und dann wird man erinnert an die reiche Vergangenheit inmitten eines mächtigen Klosters.

Vilalcázar de Sirga

Virgen Blanca – weiße Madonna. Wie wurdest du einst verehrt und geliebt von den Menschen! Warst du doch berühmt durch tausend Wunder. Auf dem Rückweg von Santiago kamen die Pilger hierher, vor allem die Enttäuschten, deren Bitten in Santiago nicht erhört worden waren. Sie brachten dir hier ihr Anliegen vor. Und du hattest ein offenes Ohr.
Gracias a la Virgen ... Der Jungfrau sei Dank ... so sangen sie in zahllosen Strophen, in den „Cantigas de Santa Maria", den Wunderliedern von König Alfons X., dem Weisen. Inzwischen längst vergessene Gesänge.
Und doch, auch heute steigen wieder Pilger die Stufen empor zur Weißen Madonna, die da wartet. Und sie versteht auch heute noch zu heilen. Manchmal sogar, ohne dass man sie darum bitten muss ...

Königin Lupa

Als das Boot mit dem Leichnam Santiagos in Iria Flavia anlandete, herrschte dort die heidnische und grausame Königin Lupa, die Wölfin. Die Gefährten des Jakobus suchten nach einem Ort, wo sie den Leichnam ihres Freundes begraben konnten. Königin Lupa war hinterhältig genug, ihnen als

Grabstätte einen Berg - den heutigen Pico Sacro - anzuweisen, wo zu jener Zeit noch wilde Stiere hausten. Die Stiere jedoch wurden unter dem Zeichen des Kreuzes sanft wie Ochsen und zogen den Karren zurück zum Schloss der tückischen Königin.
Jene erschrickt auf den Tod, bekehrt sich und lässt in ihrem Schloss eine erste Kirche erbauen. Der Leichnam des Jakobus wird in einer römischen Nekropole im heutigen Santiago beerdigt, wo er erst 700 Jahre später aufgefunden wird.

Darstellungen dieser Legende findet man an vielen Orten, z.B. am Hochaltar von Vilalcázar de Sirga und in der Kathedrale von León.

León – Kathedrale

An hellen Tagen schlüpfen Sonnenstrahlen durch die vielen bunten Fenster in das Innere der Kathedrale, nun prächtig gekleidet und eingehüllt in tausend Farben. Geschmückt mit bunten Rosetten tanzen sie in den Kirchenschiffen hoch und nieder, auf und ab.

In dunkler Nacht strahlt die Schöne von León, La Pulchra Leónina, in ihrer ganzen Pracht. Ihre zahlreichen Fenster leuchten und blitzen in allen himmlischen Farben. Als ob ein riesiger Edelstein im Gotteshaus verborgen läge.

Vielleicht aber soll diese ganze Pracht nur ein kleiner Abglanz sein ... Ein winziger Schimmer von der unermesslichen

Schönheit ihres Herrn, der gegenwärtig ist in Seinem Gotteshaus. Gegenwärtig überall da, wo wir Ihn suchen.

León – San Isidor

Am Platz der Basilika stand bereits im 9. Jahrhundert ein Nonnenkloster. Die Nonnen hatten bereits seit dem Jahr 966 die Reliquien des jugendlichen Märtyrers Pelayo von Córdoba gehütet. Sie wollten ihm nun die Gebeine einer weiblichen Heiligen, der Märtyrin Justa, zur Seite geben, doch die Gebeine blieben in ihrem Sterbeort Sevilla unauffindbar. Stattdessen brachten die Abgesandten des Königs die Reliquien des hl. Isidor vom islamischen Sevilla nach León. Isidor lebte von 560 bis 636, war Bischof von Sevilla und einer der hervorragendsten Wissenschaftler des Abendlandes. Beim Eintreffen der Gebeine 1063 wurde die Kirche geweiht.

León – Panteón de los Reyes – Grablege der Könige

Die Grablege der Könige von León, wo 23 Monarchen ruhen, wurde 1160 mit prachtvollen Temperamalereien verziert, die niemals restauriert, nur gereinigt worden sind. Hier liegen sie begraben, die einst so ruhmreichen Herrscher des Königreiches von León. Doch sie ruhen in schlichten, schmucklosen Steinsärgen. Darüber wölbt sich das himmlische Heilsgeschehen: Dort regiert ein anderer Herrscher.
Hier thront der Ewige, umgeben von den vier Evangelisten,

IOHANNES
LU
CAS
VI
TULO

die ihre Symbole als Köpfe auf ihren Schultern tragen ... Maria empfängt die Verheißung ... Engel verkünden die Botschaft den Hirten in höfischer Kleidung ... Unweit davon jedoch bereits in grausamen Szenen der betlehemitische Kindermord ... Und schließlich finden wir beim Abendmahl den Herrn mit seinen Aposteln. Ein jeder ist leicht zu erkennen, selbst Judas ist mit seinem Namen signiert ...

So folgt ein Geschehen dem andern ... Die Magd fragt Petrus ... Und schon kräht der Hahn ... Jesu Gefangennahme ... Pilatus wäscht sich die Hände ... und – nach nur einigen Schritten hat die Passion sich vollendet ...

Doch schließlich kehren wir wieder vom Himmel zurück auf die Erde. Wir betrachten das ländliche Leben, den ganzen Ablauf des Jahres. Auf Saat folgt Ernte, die Arbeit im Weinberg, auf die Eichelmast folgt unweigerlich das Schlachtfest ... Im Dezember aber erholt sich der Landmann beim Krug am wärmenden Feuer.

Doch wer war der Künstler, der Schöpfer dieser „Sixtinischen Kapelle der Romanik“?

Sein Name ist nicht überliefert. Er arbeitete zur Ehre des Meisters, zum Ruhme des Schöpfers der Welten.

Die Deckenmalereien wurden ursprünglich als Nachruf geschaffen auf den von Rom in der Reform der Cluniazenser verbotenen mozarabischen Ritus der Heiligen Messe. Bei diesem – auch isidorisch genannten – Ritus, der sich unter der maurischen Besetzung in Spanien entwickelt hatte, wird nach der Wandlung die konsekrierte Hostie, in Partikel zerteilt, in Kreuzesform auf die Patene gelegt. Jeder der Partikel symbolisiert eine Station im Leben Jesu. Zur Erinnerung an diesen Ritus wurden die verschiedenen Stationen aus dem Leben Christi in den Deckengemälden über der Grablege angeordnet. Heute darf der mozarabische Ritus noch gefeiert werden in Toledo, Santo Domingo de Silos und wenigen anderen spanischen Orten.

Äbtissin der Benediktinerinnen in León

Jung und lebendig,
energisch und kraftvoll,
lächelnd und fröhlich,
herzlich und warm.

Beherbergt den müden,
segnet den ruhelosen,
bittet den scheidenden
Pilger um sein Gebet.

Noch nach Tagen
begleitet den Pilger
ihr inneres Strahlen
auf seinem Weg

Die Äbtissin erteilt jeden Abend den Pilgersegen.

Puente de Orbigo – El Paso Honroso – Der ehrenhafte Waffengang

Don Suero de Quiñones, war unglücklich verliebt. Die Zeit der Kreuzzüge war vorbei, man dachte sich die verschiedensten Ritterspiele aus. So belagerte Don Suero die Puente de Orbigo, die Brücke von Orbigo und forderte die Ritter aller Länder auf, mit ihm zu kämpfen, bis „300 Lanzen gebrochen sind". Während dieser Kämpfe trug Don Suero zu Ehren seiner Dame eine Fessel um den Hals, bis diese 300 Lanzen gebrochen waren. Bleibt anzufügen, dass insgesamt nur ein einziger Todesfall zu beklagen war, und dabei war der Ritter unglücklich vom Pferd gestürzt.
Anschließend ging der siegreiche Ritter mit seinen Gefährten auf Pilgerschaft nach Santiago. Dort stiftete er ein kostbares Halsband, das heute die Büste Jakobus des Jüngeren schmückt, die bei Prozessionen mit getragen wird. Und man kann immer wieder sehen, wie Frauen das Gesicht dieser Heiligenbüste mit einem Spitzentuch berühren, das so zu einer „Berührungsreliquie" wird.

Astorga – La Celda de las Emparedadas – Die Zelle der Eingemauerten

Ihr Gitterstäbe, du Fensterhöhle! Was könntet ihr uns erzählen von Einsiedlerinnen, frommen Frauen! Freiwillig ließen sie sich einmauern bis zum Tod. Nach dem ewigen Gelübde wurden sie von der Bruderschaft feierlich zur Zelle geleitet.

Dann schloss sich für immer die Tür. Nur der Tod öffnete sie wieder. Zwei kleine Fenster spendeten Licht: Das eine führte zur Welt, zu den barmherzigen Spenden der Pilger. Das andere führte zum Himmel, zum Altar. Welch ein Glaube, welch ein heiliger Wahn!

Kathedrale von Astorga – Tympanon am Westportal

Im Tympanon weist Jesus dem Jakobus Spanien zur Missionierung zu. Seine Hand deutet in Richtung der Kathedrale von Astorga. Astorga gilt als der erste Bischofssitz Spaniens, schon ab dem 5. Jahrhundert.
Auf dem Dach des Ostchors der Kathedrale ist ein sog. Maragato zu sehen, ein Mann der hiesigen Region, der Maragateria. Er habe bei der Schlacht von Clavijo mit gekämpft. Zu seiner Ehre wurde die Figur auf dem Dach der Kathedrale aufgestellt.

Kathedrale von Astorga – Virgen del Pilar am Mittelchor

Legende der Virgen del Pilar, der Madonna vom Pfeiler:
Als Jakobus in Spanien missionierte, soll er nur wenig Erfolg gehabt haben. Man sagt, er habe nur sieben Menschen bekehrt. So saß er in Zaragoza in Aragon am Fluss Ebro und weinte. Da kam die Madonna aus Nazareth zu ihm, um ihn zu trösten. Sie erschien also nicht vom Himmel, sondern kam persönlich auf der Erde zu ihm.

Er sah sie auf einem Felsen stehen und hörte sie sprechen: „Lasse mir hier eine Kirche bauen, und ganz Spanien wird christlich werden."
So geschah es und die Christianisierung Spaniens schritt schnell voran. Über dem Felsen wurde eine mächtige Basilika gebaut mit elf Kuppeln. Zaragoza wurde zum bedeutendsten Marienwallfahrtsort Spaniens, und „La Virgen del Pilar" neben Jakobus zur Patronin Spaniens.

Viele Kirchen und Kathedralen, auch in Santiago, haben eine Pilar-Kapelle und unzählige Spanierinnen tragen den Namen Maria Pilar.

Man besteht in Zaragoza darauf, der einzige Wallfahrtsort zu sein, wohin die Madonna noch zu ihren Lebzeiten gekommen sei, also nicht „erschienen" ist.

Begegnung

Manchmal begegnet dir einer,
der mit dir geht,
der mit dir lacht
der mit dir weint.
der dich wieder verlässt ...
Doch er bleibt dein Freund.

Und dann begegnet dir einer,
den keiner sieht,

der mit dir geht,
der mit dir lacht,
der mit dir weint,
der dich nie mehr verlässt ...
Der dir mehr wird als jeder Freund.

Viel mehr ...

Doña Chonina am Rabanal

Schon vor Jahrzehnten, als zum Rabanal noch wenig Santiagopilger zogen, stand schon das gastliche Haus Choninas als einziges dem müden Pilger offen. Der Sohn und auch die Schwiegertochter trugen auf. Die Mutter nahm sich immer Zeit für uns, und in der berühmten Pilgersuppe spiegelte sich ihr lächelndes Gesicht.

Am Rabanal ist manches Jahr vergangen. Herbergen werben um den Pilger schon von fern. Ein Gasthof wurde eingerichtet, seit kurzem sogar ein First-Class-Hotel, nur in den Fenstern von Chonina brennt kein Licht. Was ist geschehen? Der Schuss traf sie direkt ins Herz, der ihr bei einem Jagdunfall den Sohn getötet hat. Da verschloss sie ihr Gasthaus. Die Türe öffnet sich nur noch den Freunden, die mit ihr trauern. Sie lebt nun ganz allein, all ihre Hoffnung starb mit ihm. Es war auch die Hoffnung der wenigen Nachbarn im Dörfchen auf Kindersegen, auf neues Leben auf dem Rabanal.

Rabanal

Nach der „Chronik von Ansegis“ hat der bretonische Ritter Ansegis aus dem Heer Karls des Großen sich hier in der Casa de las Cuatras Esquinas, im Haus der vier Ecken, versteckt mit der Tochter des maurischen Sultans, die er gegen dessen Willen hier heiratete. Auch Philipp II. soll auf seiner Pilgerfahrt nach Santiago hier gewohnt haben.
Die Kirche wurde von den Templern betreut. Heute haben sich hier Benediktinermönche von St. Ottilien in Deutschland angesiedelt und ein kleines Kloster gebaut. Sie betreuen hier vorbildlich die Pilger, wie das die Klöster in früheren Zeiten taten. So haben sie für Pilger, die hier für einige Tage mit den Mönchen leben wollen, neben dem Kloster ein neues Haus zur inneren Einkehr gebaut.

Foncebadón

Ein Mann lebt fröhlich in Paris,
doch eines Tags geschieht ihm dies:
Ihm gegenüber steht der Tod,
das stürzt ihn in gar tiefe Not.

Der Tod erklärt ihm unverhohlen:
„Mein Auftrag ist, dich abzuholen.
Drum rat ich dir, mach dich bereit.
Heut’ in vier Wochen ist’s so weit.“

Zutiefst verzweifelt ist der Arme.
„Was tu ich, dass sich Gott erbarme?“
so fleht er seinen Pfarrherrn an,
der ihm nur eines raten kann:

„Als Pilger zum Jakobusgrab
büßt du wohl deine Sünden ab.“
Das ist so fern, denkt unser Mann,
dass mich der Tod nicht finden kann.

Vier Wochen sind vergangen schon.
Er kommt zum Dorf Foncebadón,
es liegt vor dem Irago-Pass.
Da wird der Pilger leichenblass.

Auf Spaniens fernen Pilgerwegen
kommt ihm sein eigener Tod entgegen.
Da fragt er ihn im ersten Schrecken:
„Wie konntest du mich hier entdecken?“

„Du fragst, wie ich dich hier gefunden?
Ich warte hier auf dich seit Stunden!
Bestimmt war dir von Anfang schon
als Sterbeort Foncebadón.“

Foncebadón

Hier fand im 10. Jahrhundert ein innerspanisches Konzil statt, einberufen durch König Ramiro II., vermutlich in einem früheren Kloster.
Das einst völlig verlassene Dorf ist durch die Pilger wieder belebt worden und kann heute wieder Pilgerherberge, Bars und einen Gasthof bieten.

Cruz de Ferro – Eisenkreuz

Öffne die Hand!
Entlass den Stein,
entlass die Angst,
entlass den Hunger
und den Durst nach Glück!

Es rollt dein Stein
dahin, wo tausend andre ruhn.
Und mit ihm rollt
die Angst, der Hunger,
und der Durst nach Glück

Die leere Hand
empfängt das Brot
empfängt den Wein.
Weist dir den Weg
zu deinem Ziel,
zu deinem Glück.

Am Eisenkreuz auf dem Monte Irago legen Pilger einen Stein ab.

Monte Irago – Cruz de Ferro

Der Monte Irago war sicher schon immer ein heiliger Berg, vielleicht früher mit einem Altar für Gott Merkur, den Beschützer der Wege.
Das Cruz de Ferro – die galicische Form von Eisenkreuz – steht auf 1490 m Höhe an einem Eichenstamm. Der Steinhaufen, angeblich errichtet vom Einsiedler Guacelmo, hat einen Durchmesser von fünf Metern.
Jedoch war das Steinablegen wohl schon ein heidnischer Ritus. Er wurde von den christlichen Pilgern übernommen, die nun auch hier einen mehr oder weniger großen Stein ablegen und mancher bringt ihn von Zuhause mit.
Hier oben beginnt das Biérzo, das deutlich nach Galicien tendiert.

El Acebo – Fahrraddenkmal

Der Kuss Gottes

Unser Leben beginnt mit Gottes Atem:
Er haucht unserem Leib eine Seele ein.

Unser Leben endet mit Gottes Kuss:
Er holt unsere Seele zu sich zurück.

Unser Leben ist nur ein göttlicher Hauch.
Ein einziger Atemzug aus Seinem Mund.

Nach jüdischem Verständnis ist der Tod für den Gerechten der Kuss Gottes, der dabei die Seele wieder zu sich nimmt.
Ein Denkmal für den Deutschen Helmut Krause, der als Fahrradpilger hier tödlich verunglückte.

El Acebo

Die Bewohner von El Acebo waren im Mittelalter vom Tribut an den König befreit, dafür mussten sie im Winter 800 Pfähle zur Markierung des Pilgerweges aufstellen.

Molinaseca

Eine ehemalige Einsiedelei nach dem Ort wurde zu einer schönen Pilgerherberge umgebaut.

Ponferrada – Templerschloss

Der Name der Stadt stammt von einer mit Eisen beschlagenen Holzbrücke, der Pons Ferrata, über den tief in einer Schlucht liegenden Fluss Sil. Das Castillo de la Orden Militar del Temple wurde 1178 von den Templern auf den Fundamenten eines römischen Kastells erbaut. König Fernando II hatte im 12. Jahrhundert die Stadt dem Templerorden übertragen mit der Aufgabe, Pilger zu betreuen. Als Papst Klemens V. auf dem Konzil von Vienne 1312 den Templerorden wegen angeblicher Ketzerei auflöste, mussten die Templer das Kastell verlassen. Es ist seit 1924 Nationaldenkmal.

Ponferrada – Madonna von der Steineiche

Die Basilika „Virgen de la Encina“ wurde 1577 geweiht. Ihr Name stammt von einem Marienbild, das der hl. Toribius, Bischof von Astorga, im 5. Jahrhundert von Jerusalem mitbrachte. Beim Einfall der Araber vergrub man es unter einer Steineiche, wo es die Templer um 1200 wieder fanden. Aufgrund ihrer Beliebtheit als Wallfahrtsort bekam die Kirche von Rom den Titel „Basilica menor“ verliehen.
In dieser Basilika gibt es einen „Cristo yacente“, einen sog. Grab-Christus. Die Christusfigur hat bewegliche Glieder und wird jedes Jahr am Karfreitag aus dem gläsernen Sarg genommen und ans Kreuz gehängt, bevor die große Karfreitagsprozession beginnt. Nach der Todesstunde Jesu wird die Figur wieder in den Sarg gelegt.

Eines der Mysterienspiele, wie sie früher auch in Deutschland beliebt waren, aber dann verboten wurden.

Villafranca – Puerta del Perdón

Pforte der Verheißung,
Tor der Vergebung.

Letzte Hoffnung
der todkranken Pilger.

Schwester der Heiligen
Pforte
im fernen Santiago,
wo alle die Sünder
Vergebung erlangen.

Du himmlische Pforte,
Hab Erbarmen mit uns
und öffne Dich weit
unseren erkrankten Seelen.

Das Nordportal der Santiagokirche in Villafranca del Biérzo ist eine „Heilige Pforte". Für schwerkranke Pilger, welche die Kathedrale von Santiago nicht mehr erreichen, kann das Portal geöffnet werden. Sie erhalten dort die gleichen Gnaden, wie bei der Vollendung der Pilgerfahrt in Santiago.

Galicien

Der Weg ...
ich bin ihn gegangen
– den endlosen –
der ins Jakobusland führt.

Von Franken ging ich zur Schweiz.
Wohin?

Zur kleinen, eitlen Madonna.
In Einsiedeln wechselt sie täglich ihr Kleid.

Ein neuer Aufbruch. Ein anderes Jahr.
Wohin?
Das Ziel was Lyon.
Auf dem Wegweiser las ich: „Warum?“

Und wieder war ich unterwegs.
Wohin?
Durchs Zentralmassiv nach Le Puy.
Spöttisch, gusseisern grüßt Sainte Marie.

Ein weiteres Jahr im Pilgergewand.
Wohin?
Zu St. Fides in Conques und am Ziel lag Cahors.
„Santiago“ las ich ... und kehrte doch um.

Durch Sonnenblumen ging ich und Mais.
Wohin?
Endlich erreichte ich Spanien! SEIN LAND!
Pamplona das Ziel – und schwer fiel die Rückkehr.

Morgen breche ich auf.
Keiner fragt mehr: Wohin?
Santiago mein Ziel und Santiago bist Du!
Alle gehen wir, Dich zu umarmen.
Endlich, endlich weiß ich „Warum“.

Und mein Herz fliegt als Vogel die Berge hinauf,
kullert als Kieselstein durch die Meseta voran,
trägt mich als Maulesel heim nach Galicien.

Am Grenzstein vor dem Cebreiro-Pass beginnt Galicien.

Das Wunder vom Cebreiro

Ist das Wunder, die Legende wirklich wahr? Sie spricht von einem ungläubigen Mönch dieses kleinen Klosters der mächtigen Abtei Aurillac in Frankreich.
Ein Bauer hatte sich aufgemacht bei Eis und Schnee, war aufgestiegen aus dem tiefen Tal, nur um der heiligen Messe beizuwohnen. Der Mönch verspottete ihn. Warum habe er nur soviel Unbill auf sich genommen, nur wegen etwas Wein und Brot. – Doch bei der Wandlung zeigte sich ein Wunder, geheimnisvoll erschien Christus in der Hostie. Der Wein im Kelch schäumte über, wandelte sich in Blut. – Der ungläubige Mönch bekehrte sich, weil er das Wunder sah. Der gläubige Bauer fühlte sich reich beschenkt.
Das Wunder wurde schnell bekannt. Als die Katholischen Könige versuchten, die Reliquien mit sich zu nehmen, weigerten sich die Ochsen, die den Karren mit den heiligen Geräten ziehen sollten, weiterzufahren. So durften Kelch und Patene im vorromanischen Gotteshaus bleiben. Sie wurden reich verziert und sind heute noch im Südschiff der Kirche ausgestellt. Zwei unscheinbare Grabstellen in der Südwand bergen die Überreste von Mönch und Bauer.

Im Nordschiff der vorromanischen Kirche ist Pfarrer Elías Valiña begraben. Der Pfarrherr des Cebreiro war einer der ersten „Brandstifter" des Jakobsweges. Er beschilderte Teile des Weges und veröffentlichte den ersten Pilgerführer. Die Wirtin in der Gaststätte „San Giraldo de Aurillac" ist seine Nichte.

Cebreiro – Madonna

Hier finde ich dich also wieder, Mutter Maria, auf dem Schoß den kleinen König, Deinen Sohn.
Fast unbeweglich sitzt du da, selber Thron geworden für Ihn, deinen Gott. In der Hand den Apfel, die Blume oder als Kugel unsere Welt.
Manchmal aber weist du uns Pilgern mit deiner Rechten den Jakobsweg. Überall dort bist du für uns „La Virgen del Camino", Unsere liebe Frau vom Weg.

Cebreiro – „Queimada" eine galicische Hexenbeschwörung

Wer auf dem Cebreiro einkehrt, sollte die „Queimada" nicht versäumen, ein Gebräu aus Tresterschnaps und verschiedenen Gewürzen, das brennend aufgetragen wird. Dazu gehört eine uralte Galicische Hexenbeschwörung:

Uhus, Eulen, Kröten und Hexen.
Dämonen , Kobolde und Teufel.
Geister der verschneiten Einöden.

Raben, Salamander und Hexen.
Der Kurpfuscherin Fluch.
Staub von löchrigem Gebein.
Heimstatt von Würmern und Maden.

Irrlicht der nächtlichen Prozession von nicht erlösten Seelen.
Der böse Blick. Ein schwarzer Zaubertrank.
Gestank von Verwesung. Donner und Blitz.

Hundegebell, Todesschreie,
Satyrenschnautze, Kaninchenfuß.
Lästerzunge der bösen Frau, angetraut einem uralten Mann.

Hölle von Satan und Beelzebub.
Feuer von brennenden Kadavern.
Verstümmelte Körper der Schamlosen.
Brüste der höllischen Schlange.

Gebrüll der tosenden Meere.
Geschrei der Katzen in ihrer Hochzeitsnacht.
Schmutzige Missgeburt einer Ziege.

Mit diesem Blasebalg entfache ich Feuerflammen,
– dem Höllenfeuer gleich
auf dass die Hexen fliehen auf ihren Besenstielen,
sie reiten zum Strande,
um im Sande sich räkelnd zu baden!

Hört! Hört ihr das laute Gebrüll?
Immer wieder versuchen sie, jedoch umsonst!
sich im Schnaps zu verbrennen,
sich in den Flammen zu reinigen.

Und wenn nun dieses heiße Getränk
hinab rinnt durch unsere Kehlen,
so werden unsere Seelen verschont sein von allem Übel,
und auch von jeglicher Hexerei.

Ihr Kräfte der Lüfte, der Erde, des Meeres und des Feuers,
wenn es wirklich wahr ist,
dass Ihr mehr Macht besitzt
als wir menschlichen Wesen,
so lasst es geschehen, hier und jetzt,
dass die Geister der Freunde,
die in der Ferne sind,
alle mit uns teilnehmen können
an dieser herrlich dampfenden „queimada"!

Sarriá

Hier starb im Jahre1230 König Alfons IX. während seiner Pilgerschaft nach Santiago. Unter seiner Regierung wurde das städtische Bürgertum als eigener Stand anerkannt.
An der Pfarrkirche El Salvador ist noch eine beeindruckendes Tympanon in frühromanischer Tradition erhalten, das Christus als Pantokrator zeigt, als Weltenherrscher.

Portomarin

Der Altort ist 1960 vom Stausee des Miño überflutet worden. Die mittelalterliche Kirchenburg von 1120, einst San Juan, wurde umgewidmet an San Nicolas. Diese Wehrkirche mit steilen Zinnen, von außen mehr Festung als Kirche, wurde – Stein für Stein nummeriert – auf dem neuen Platz wieder aufgebaut.

Ab hier wird die Strecke im alten Pilgerführer als sehr gefährlich bezeichnet, vor allem für Seelenheil und Geldbörsen der Pilger. Hier sollen die Wälder von Dirnen bevölkert gewesen sein, die den Pilgern nachstellten, aber auch von Schleppern, die für Pilgerherbergen in Santiago warben, wo die Gäste dann schlechtes Essen, gepanschten Wein und überteuerte Kerzen bekamen.

Melide

Das zweiseitige Wegkreuz von Melide aus dem 14. Jahrhundert soll das älteste in Galicien sein. Am Ende des Ortes findet sich direkt am Pilgerweg ein Kleinod: Santa Maria de Melide, die romanische Kirche aus dem 12. Jahrhundert – die Apsis ist herrlich mit Apostel- und Engelfiguren ausgemalt – ist nach ihrer Restaurierung wieder zugänglich.

Monte de Gozo

Am Monte de Gozo, Monte gaudii, Mont de la joie, Berg der Freude, 368 m hoch, sieht der Pilger zum ersten Mal die Türme der Kathedrale von Santiago, das „Westliche Jerusalem“. Die Pilger fielen auf die Knie, weinten vor Freude und beteten. Dann zogen sie barfüßig und barhäuptig, das Pferd am Zügel führend, in die Stadt und sangen das Te Deum, oder das flandrische Ultreya, das aus dem 12. Jahrhundert stammende Pilgerlied.
Der italienische Priester Domenice Laffi beschrieb das 1670 so:
Als wir die Höhe eines Bergzuges mit Namen Berg der Freude erreichten und das so herbeigesehnte Santiago offen vor uns liegen sahen, fielen wir auf die Knie und die Freudentränen schossen uns aus den Augen. Wir begannen das Te Deum zu singen, aber kaum brachten wir zwei oder drei Verse hervor, denn allzu sehr unterbrachen Tränen und Seufzer unseren Gesang und ließen das Herz erzittern.
Wer die Turmspitze der Kathedrale zuerst sah, erhielt damals den Namen „König“. Der Familienname König, Roi oder King soll von Santiago oder einem anderen Pilgerort stammen, von denen viele diesen „Berg der Freude“ hatten.

Für das Heilige Jahr 1993 wurde dieser Berg in Erinnerung an den Papstbesuch anlässlich der Jugendwallfahrt 1992 mit einem mächtigen Monument „bekrönt“ und mit Unterkünften für Tausende von Pilgern bebaut, die kaum angenommen werden.

Die Einsiedelei San Marcos ist alles, was vom ursprünglichen Monte de Gozo geblieben ist.

Am „Monte de Gozo"

Auf dem Camino nach dem Heiligen Jahr …

Am Jakobsweg ist wieder Ruhe eingetreten.
Der Lärm der Pilgermassen ist verhallt.
In kleinen Gruppen seh' ich Pilger wandern, singen, beten
durch die Meseta, am Cebreiro und im Eukalyptuswald.

Ich fühle den Camino wieder still sich dehnen
vom Pyrenäenpass bis nach Galicien hin.
Geräumt der Weg. Getrocknet Schweiß und Tränen.
Am Rastplatz rostet schon ein „Pelegrín".

Wie hat man meinen Weg verwundet und geschunden
mit Massenunterkünften, heute leer mit blinden Scheiben.
Der Berg der Freude unter Monument und Asphalt fast verschwunden.
Wie tröstet mich, dass alles das zerfällt … Der Weg wird bleiben.

Wie lässt sich das Geheimnis dieses Jakobswegs ergründen?
Du glaubst am Ziel zu sein, wenn du erst den Apostel küsst!
Und wirst dich doch an einem neuen Anfang finden,
weil du „nach dem Camino" ein ganz anderer bist.

„Vertrau mir!“ hör’ ich den Camino leise zu mir sagen:
„Hab ich nicht Millionen Pilger – manche lärmend, andre fromm –
seit tausend Jahren schon getröstet und getragen?
Ich nehm’ dich wieder mit ...
... nach Santiago
... Komm!

Santiago – Auf dem Dach der Kathedrale

Als sie in Santiago bei der Kathedrale ankamen, die Pilger damals, waren ihre Körper gereinigt, hatten sie sich schon gebadet im Flüsschen Lavacolla, wie es der Codex Calixtinus befahl. Auf dem Dach der Kathedrale zogen sie ihre Kleider aus, verschmutzte, verlauste Fetzen, und warfen sie ins Feuer, das im Steintrog brannte. Der Steintrog unter dem Lumpenkreuz, dem Cruz de Fárapos, der sich auf dem Dach der Kathedrale bis heute erhalten hat.
Sie wurden neu eingekleidet. Dann zogen sie fröhlich ins Heiligtum, um St. Jakobus mit inbrünstiger Umarmung zu begrüßen.

Santiago – Puerta Santa – Pforte der Vergebung

Puerta Santa, Heilige Pforte:
Tor der Vergebung,
Tor der Verzeihung,
tue dich auf.

Wenn der Erzbischof anklopft
mit silbernem Hammer,
dann fallen die Steine,
dann öffnest du dich dem Heiligen Jahr.

Tor unseres Herzens,
Tor der Vergebung.
Wenn dein Bruder anklopft,
tue dich auf.

Tor unseres Herzens.
Wenn der Ewige anklopft,
dann bringt er Vergebung,
dann öffnest du dich der Heiligen Zeit.

Die Heilige Pforte, die Puerta Santa der Kathedrale von Santiago, wird nur geöffnet zu den Heiligen Jahren, wenn der Jakobustag, der 25.7. auf einen Sonntag fällt: so 1993, 1999, 2004, 2010. Dann steigen die Pilgerzahlen auf das Doppelte bis Dreifache.
Der Pilger, der die Pforte durchquert, erhält auch heute noch – nach Empfang der Sakramente der Buße und Eucharistie – den „vollkommenen Ablas" seiner Sünden. Es kann ihn jedoch jeder Santiagopilger auch in „normalen" Jahren, verbunden mit dem Empfang der Sakramente, erhalten.

Portico de la Gloria

Die alten Riten sind erfüllt,
die Hand in die Säule gelegt,
die Stirne ans Haupt des Meisters gestoßen.
Meister Matteo. der Heilige der Kopfnüsse.

Nun stehen wir und staunen.
Welche Pracht!
Und endlich das Paradies!
Nicht mehr die Todsünden in Conques,
nicht mehr der Höllenschlund in Burgos,
die Verdammten in León.

Wir sind erlöst,
suchen uns ein Plätzchen im Himmel,
lassen uns an die Hand nehmen
von unserem Engel.
und lauschen den 24 Ältesten
bei ihrem himmlischen Konzert.

Schon erhebt sich Jakobus von seinem Thron,
achtlos lässt er den Stock zu Boden fallen,
um seine Pilger herzlich zu begrüßen.
Selbst Königin Esther verlässt ihren Platz.
Alle sind wir beisammen,
die ganze himmlische Familie.

Das Portal der Herrlichkeit, El Portico de la Gloria: Der Pilger legt seine Hand in die Mittelsäule.

Niemand kennt heute die Bedeutung dieses Ritus mehr. Man sagt, nun habe der Pilger bei Santiago einen Wunsch frei.

Im Mittelalter glaubte man, der Pilger würde mit seiner Hand die Säule genau nach Osten ausrichten, woher der Herr kommen wird am Jüngsten Tag. Hinter der Säule kniet die Figur des Künstlers Meister Matteo, El „Santo dos Croques“, der „Heilige der Kopfnüsse“ Wer seinen Kopf an das Haupt des Meisters stößt, hofft, ebenso klug zu werden wie er. Gerne übt man mit Kindern diesen uralten Ritus.

Jakobus umarmen

„Umarme Jakobus von mir!“
so sagten die Freunde beim Abschied zu Hause.
„Betet für uns in Santiago!“
so baten die Fremden in Frankreich am Weg.

Nun sind wir endlich da.
In seiner Kathedrale.
Wir steigen die Stufen empor,
unseren Pilgerpatron zu umarmen.

Der silberne Mantel ist kühl.
Wir spüren die Kälte kaum.

Es ist unser Apostel, in Stein gehauen.
Er erwartet uns Pilger seit eintausend Jahren.

Wir umarmen ihn.
So umarmt man den Vater, den Freund,
endlich zurückgekehrt nach Hause
nach vielen Jahren der Fremde.

So ankommen ... eines Tages!
Nach langen Erdentagen der Fremde
endlich wieder daheim im Paradies,
in den Armen Gottes, der uns erwartet.

Vom Portico de la Gloria geht der Pilger zum Hochalter, steigt die Treppe hinter der Apostelfigur hinauf. Dort berührt oder umarmt er seinen Pilgerpatron.

Der Botafumeiro – Das riesige Weihrauchfass

In der Pilgermesse, vor dem Segen, werden die Gläubigen unruhig. Alle Blicke wenden sich zur Sakristei. Wird er kommen oder nicht?
Natürlich erwarten sie den Botafumeiro, das berühmte riesige Weihrauchfass. – In den heiligen Jahren, wenn der Jakobustag, der 25.Juli, auf einen Sonntag fällt, sowie an Festtagen, ist das keine Frage. Da gehört er dazu.
Der Weihrauchkessel stammt aus dem 16. Jahrhundert und hat ein Gewicht von über 50 kg. An einem 65 m langen und 160 kg schweren Seil aufgehängt, wird er von 8 Kirchendienern in die Vierung der Kathedrale hoch gezogen, um über die Köpfe der Gläubigen bis in 50 m Höhe durch das Querschiff zu schwingen. All das geschieht unter Anleitung des Tiraboleiros Armando, der diese wichtige Aufgabe seit über 40 Jahren besorgt und derzeit einen Nachfolger sucht.

Die Orgel braust auf und unter den Klängen der Hymne zum

Apostel: „Gloria, Santiago ...“ steigt der Botafumeiro in die Höhe. Zum Abschluss fängt ihn der Tiraboleiros (der Weihrauchfass-Schwenker) ab und beendet mit einigen Tanzschritten im Kreis die Zeremonie.

Der Domherr, der die Pilgermesse zelebriert, schließt gerne sofort mit dem Segen an, um einen ihm unwürdig erscheinenden Applaus der Gläubigen bereits im Keim zu ersticken. Er deutet den Sinn des Weihrauchfasses ausschließlich zur Ehre Gottes.

Dass die Weihrauchschwaden auch dafür gedacht waren, die manchmal schlechte Luft in der Kathedrale zu verbessern, weiß man natürlich. Schließlich war es früher in allen großen Pilgerkirchen üblich, dass viele Pilger in den Kathedralen nicht nur beteten und sangen, sondern auch auf den Emporen aßen und schliefen.

Kathedrale – Puerta de las Platerías – Portal der Silberschmiede

Erweckung des Adam

Adam. Liebling Gottes,
erster Mensch.
Liebling Gottes
du und ich,
jeder von uns.

Darum fürchte dich nicht!
An deinem Ende,
das der Anfang ist,
wird Er dich
mit derselben Zärtlichkeit empfangen

Erschaffung der Eva

Eva. Aug in Aug mit Gott.
Seine Rechte
erweckt dein Herz,
Seine Linke
stützt dein Haupt.

Am Ende deines Wegs,
angekommen am Ziel,
kehrst du zurück.
Bist wieder glücklich
Aug in Aug mit Ihm.

Jerusalem

Wenn du nach Santiago gehst,
bist du auf dem Weg
zum westlichen Jerusalem.
Dann wird dir
Spaniens Norden
zum Heiligen Land.

Dann erklärt dir
dein Pilgerweg
den Kreuzweg.

Dann erinnert dich
das Cruz de Ferro
an den Berg Golgatha.

Dann blickst du
beim Hostienwunder am Cebreiro
in den Abendmahlssaal.

Dann spiegelt sich
im See von Ponferrada
der See Gennesaret.

Dann kräht der Hahn
von Santo Domingo
wie der Hahn des Petrus.

Dann wäschst du dich
im Flüsschen Lavacolla
am Taufort Jesu im Jordanfluss

Dann durchschreitest du
die Heilige Pforte
im Damaskustor.

Dann führt dich
die Treppe zur Krypta
hinein zum Heiligen Grab.

Dann umarmst du
über dem Hochaltar
den Auferstandenen.

Im Mittelalter nannte man Santiago de Compostela das „Jerusalem des Westens".

Nach Santiago ... der Reliquien wegen?

Bin ich denn je nach Santiago
der Reliquien wegen gegangen?

Waren es nicht diese Spuren im Weg,
Fußabdrücke, von Pilgern getreten?

Waren es die Stimmen unterwegs,
die fröhlichen und die erschöpften?

War es das Lächeln der Bäuerin im Feld
über die pilgernde Schwester,
als ihre Blicke mir fragend folgten:
„Hat sie kein Zuhause, was sucht sie am Weg?“

War es vielleicht Eunate von fern,
oder der lächelnde Christus?

War es in Sirga die Weiße Madonna
mit ihren unzähligen Wundern?

Waren’s die Mönche am Rabanal?
Der Cebreiro mit seinem Geheimnis?

Es waren nie die Reliquien,
nicht einmal am Ziel, in der Krypta.

Es war nicht der Botafumeiro,
die weihrauchduftenden Schwaden.

Es war dieser Lockruf von ferne,
von oben ... von innen ... von Ihm!

Camino de Santiago

677/2005

Credencial que expide:

Fecha: 05/04/05

A favor de: Elisabeth Alferink D.N.I.:

Dirección: Heinrich v. Bibra Str. 17 97769 Bad Brückenau

Comienza la peregrinación en Pamplona a Santiago de Compostela:

a pie ☒ en bicicleta ☐ a caballo ☐

En las casillas deberá figurar el sello de cada localidad (al menos uno por día) con la fecha, para acreditar su paso.

"Dios ayuda y Santiago" (D.A.Y.S.I.)

Cumplió la Peregrinación.

Sello:

Santiago, a ______ de ____________ de 20 _____

CAPITULUM hujus Almae Apostolicae et Metropolitanae Ecclesiae Compostellanae sigilli Altaris Beati Jacobi Apostoli custos, ut omnibus Fidelibus et Peregrinis ex toto terrarum Orbe, devotionis affectu vel voti causa, ad limina Apostoli Nostri Hispaniarum Patroni ac Tutelaris **SANCTI JACOBI** *convenientibus, authenticas visitationis litteras expediat, omnibus et singulis praesentes inspecturis, notum facit:* Dnam Elisabetham Aleerink

hoc sacratissimum Templum pietatis causa devote visitasse. In quorum fidem praesentes litteras, sigillo ejusdem Sanctae Ecclesiae munitas, ei confero.

Datum Compostellae die 11 *mensis* Junio *anno Dni* 2005.

Secretarius Capitularis

Oficina de Peregrinaciones

Im Pilgerbüro in Santiago, der Oficina de Peregrinaciones, wird dem anerkannten Pilger zu Fuß, per Fahrrad oder per Pferd, nach Prüfung der täglich gestempelten Pilgerausweise die Pilgerurkunde ausgestellt. Diese „Compostela“ ist seit dem 17. Jahrhundert unverändert, in lateinischer Sprache abgefasst. Im Heiligen Jahr 2004 waren das 179.944 Urkunden, im „normalen“ Jahr 2005 kamen 93.924 anerkannte Pilger in Santiago an. Und in der ersten Dezemberwoche des Jahres 2006 war die Zahl 100.000 bereits überschritten.

Das Pilgerbüro ist bis zum späten Abend geöffnet und Millionen von Pilgern kommen, alleine, mit Pfarrgemeinden oder anderen Gruppen. Wer nicht zum Erhalt der Original-Compostela berechtigt ist – dazu sind mindestens vorgeschrieben die letzten 100 km vor Santiago zu Fuß, oder 200 km per Fahrrad oder Pferd – erhält wenigstens eine, allerdings sehr schöne, Begrüßungsurkunde.

Bei der täglichen Pilgermesse um 12 Uhr mittags konzelebrieren oft viele Priester aus aller Welt. Während des Gottesdienstes verliest der Zelebrant die anerkannten Pilger, die an diesem Tag angekommen sind, zwar nicht mit Namen, so doch mit Startort und Nationalität, so dass sich jeder leicht erkennen kann. Fürbitten werden von Pilgern aller Nationen verlesen.

Zurzeit steht im Pilgerbüro das Modell einer neuen größeren Pilgerherberge für Santiago und man wird um eine Spende gebeten. Die Finanzierung ist schwierig, denn es gibt in Spanien nicht die bei uns übliche Kirchensteuer und die vorhandene Herberge in Santiago platzt aus allen Nähten.

Ankunft

Angekommen bist du
in Santiago.
Am Jakobusgrab.
Endlich am Ziel?

Noch nicht.
Jakobus weist nur den Weg
zu Ihm, dem er folgte.
Dort bist du daheim.

Zwei Pilger im Pilgerbüro

„Nicht für uns haben wir uns auf den Weg gemacht ... Es ist wegen unseres Sohnes. Er war mit seinem Wagen schwer verunglückt. Jetzt ist er wieder ganz gesund."
Vom Cebreiro-Pass waren sie gegangen, im Pilgerbüro standen sie, alt und erschöpft.
Sie wischte sich die Tränen aus den Augen, eine kleine, zerbrechliche Frau.
„Sie müssen wissen", sagte der Alte schließlich zu uns: „Sie ist nicht traurig ... Meine Frau ist blind."

Sehnsucht nach Santiago

Nach Santiago wollte ich gehen.
Darum bin ich aufgebrochen,
aufgebrochen von Zuhause.
Mit Muschel, Hut und Stab,
wie Jakobspilger gehen.

Santiago habe ich erreicht,
doch die Sehnsucht bleibt.
Sie wächst und wächst,
sie treibt mich weiter.

So bleibe ich auf dem Weg,
mit Jakobus an meiner Seite.
Unterwegs zu unser aller Ziel,
in die ewige Heimat.

Was am Ende bleibt?

Zwei ausgetretene Stiefel.
Adressen von Pilgerfreunden.
Kilometerangaben im Tagebuch.
Erinnerungen an ein Weihrauchfass.
Bilder einer Kathedrale weit im Westen.
Viele Stempel im Pilgerpass.
Die „Compostela“ an der Wand.

War das alles?

Ist da nicht auch:
Ein neuer Beginn?
Ein neues Denken?
Ein neuer Aufbruch?
Neue Sehnsucht im Herzen?
Der erste Schritt auf einem neuen Weg?
Die Erwartung einer neuen Ankunft?
Wachsende Freude auf das wahre Ziel?

Früher, als ich noch kein Pilger war

Früher, als ich noch kein Pilger war,
war ich auf der Wanderschaft.
Oft verließ ich mein Haus.
Doch ich kehrte wieder zurück.
Am Abend ...
Nach einer Woche ...
Nach einem Monat ...
Nach einem Jahr.

Dann traf mich der Ruf zum Pilgerweg.
Wieder verließ ich mein Haus.
Doch ich blieb auf dem Weg.
Ich kehrte nicht mehr zurück.
Dieser Weg ist so lang.
Er endet nicht nach einem Monat ...

Nicht nach einem Jahr ...
Nicht einmal in Santiago.

Als ich dachte, am Ziel zu sein,
war ich an einem neuen Beginn.
Doch nun wusste ich ganz genau,
was ich suchte ...
Was ich immer gesucht hatte ...
Und ich wusste auch ganz genau,
wo ich es finde:
Drüben!

Anhang

Pilgersegen

O Gott, Du hast Deinen Knecht Abraham aus der Stadt Ur in Chaldäa herausgerufen. Du hast ihn behütet auf all seinen Pilgerreisen. Du warst auch der Führer des hebräischen Volkes durch die Wüste. Wir bitten dich, behüte auch diese Deine Diener, die aus Liebe zu Deinem Namen zur Pilgerreise nach Santiago de Compostela aufbrechen.

Sei ihnen Begleiter während ihres Unterwegsseins,
Führer auf ihrem schweren Weg,
Kraft in der Müdigkeit,
Verteidiger in allen Gefahren,
Ruheort auf dem Weg,
Schatten in der Hitze,
Licht im Dunkel,
Trost in Mutlosigkeit und
Stärke in ihren Vorsätzen, damit sie unter Deiner Leitung unbeschädigt ans Ziel ihrer Reise gelangen. Damit sie, reich an Gnaden und Tugenden, heil zurückkehren können in ihre Heimat – die wegen ihrer Abwesenheit leidet – und dort gesund und in steter Freude leben.

Der Segen des Allmächtigen, des Vaters und des Sohnes und des Heiligen Geistes, komme über euch alle und bleibe mit euch. Amen.

Herr Sankt Jakob, großer Santiago, jetzt und immer. Gott helfe uns.

Der Pilgersegen kann entweder vor dem Aufbruch Zuhause von einem Priester erteilt werden, oder er wird unterwegs zu Beginn der Pilgerschaft in einer Kirche, einer Kapelle oder vor einem Bildstock gesprochen.

Gebet vor dem Aufbruch

Morgen breche ich auf,
zum Jakobsweg breche ich auf.
Alle wünschen mir Glück.
Alle freu'n sich mit mir,
sie beneiden mich gar.
Nur Du, Herr, weißt mehr:
Du kennst meine Angst,
die Angst vor der Fremde,
die Angst vor dem Weg,
die Angst zu versagen,
die Angst, nie anzukommen
an meinem Ziel.

Dabei bist Du doch der Weg,
dabei bist Du ja mein Ziel,
dabei bist Du meine Freude,
Dabei bist Du all' mein Trost!
Endlich kann ich mich freuen
und Du freust Dich mit mir.

... Jesus, der dich zu Seinem Jünger berufen hat.
... Jesus, der dich seine Verklärung schauen ließ.
... Jesus, der dich im Abendmahlssaal gespeist hat.
... Jesus, der dich ausgesandt hat bis ans Ende der Erde.
... Jesus, dem du dein Leben hingegeben hast.

Litanei zum heiligen Jakobus dem Älteren

V Herr, erbarme dich unser –
A Herr, erbarme dich unser.
V Christus, erbarme dich unser –
A Christus, erbarme dich unser.
V Herr, erbarme dich unser –
A Herr, erbarme dich unser.
V Christus, höre uns –
A Christus, erhöre uns.
V Gott Vater im Himmel –
A erbarme dich unser.
V Gott Sohn, Erlöser der Welt –
A erbarme dich unser.
V Gott Heiliger Geist –
A erbarme dich unser.
V Heiligste Dreifaltigkeit, ein einiger Gott –
A erbarme dich unser.
V Heilige Maria –
A bitte für uns.

V Heiliger Jakobus –
A bitte für uns.
V Du Sohn des Zebedäus und der Salome –
A bitte für uns.
V Du Fischer am See Gennesaret –
A bitte für uns.
V Du Apostel des Herrn –
A bitte für uns.
V Du erster Märtyrer aus der Apostelschar –
A bitte für uns.
V Du Patron der Pilger –
A bitte für uns.
V Du Patron der Suchenden –
A bitte für uns.
V Du Patron der Strauchelnden –
A bitte für uns.
V Du Patron der Verirrten –
A bitte für uns.
V Du Patron der Sterbenden –
A bitte für uns.
V Du Patron der Fischer –
A bitte für uns.
V Du Patron der Apotheker und Drogisten –
A bitte für uns.
V Du Patron der Schuhmacher und Wachszieher –
A bitte für uns.
V Du Patron der Arbeiter und Lastträger –
A bitte für uns.
V Du Helfer gegen Rheumatismus –

A bitte für uns.
V Du Patron für die Feldfrüchte –
A bitte für uns.

V Durch die Fürbitte des hl. Jakobus des Älteren –
A hilf uns, o Herr.

V Lamm Gottes, du nimmst hinweg die Sünden der Welt –
A verschone uns, o Herr.
V Lamm Gottes, du nimmst hinweg die Sünden der Welt –
A erhöre uns, o Herr.
V Lamm Gottes, du nimmst hinweg die Sünden der Welt –
A erbarme Dich unser.

V Bitte für uns, o heiliger Apostel Jakobus,
A dass wir würdig werden der Verheißungen Christi.

V Allmächtiger Gott, himmlischer Vater, in Deiner Güte hast Du durch Deinen Sohn Jesus Christus den hl. Jakobus zum Apostel und Märtyrer berufen. Lasse uns seine kräftige Fürbitte wunderbar erfahren auf dem Weg zu seinem Grab in Santiago de Compostela und auf unserem eigenen Lebensweg.
Dir, dem Sohne und dem Heiligen Geiste sei Lobpreis und Dank gesagt für den hl. Jakobus in Ewigkeit.
A Amen.

Stufengebete

Die Stufengebete eignen sich besonders für Gruppen,
wobei jeder eine Zeile spricht.
Wenn das letzte Wort betont wird, verändert sich jeweils der Sinn.

Du bist mein Gott. Herr, hilf mir auf!
Du bist mein Gott. Herr, hilf mir
Du bist mein Gott. Herr, hilf
Du bist mein Gott. Herr
Du bist mein Gott.
Du bist mein
Du bist
Du
Du bist
Du bist mein
Du bist mein Gott.
Du bist mein Gott. Herr
Du bist mein Gott. Herr, hilf
Du bist mein Gott. Herr, hilf mir
Du bist mein Gott. Herr, hilf mir auf!

(und wieder zurück)

Heiliger Jakobus, Patron aller Pilger, begleite uns!
Heiliger Jakobus, Patron aller Pilger, begleite
Heiliger Jakobus, Patron aller Pilger
Heiliger Jakobus, Patron aller
Heiliger Jakobus, Patron
Heiliger Jakobus
Heiliger
Heiliger Jakobus,
Heiliger Jakobus, Patron
Heiliger Jakobus, Patron aller
Heiliger Jakobus, Patron aller Pilger
Heiliger Jakobus, Patron aller Pilger, begleite
Heiliger Jakobus, Patron aller Pilger, begleite uns!

(und wieder zurück)

Ebenso kann man die folgenden Sätze beten:

Komm, Herr Jesus Christus, bleib hier, segne alle Menschen!

O Gott, Du bist unser Weg, begleite uns, schütze uns, rette uns!

O himmlische Frau Königin, Jungfrau Maria, höre uns an!

Mein geliebter Gott, Du schenkst Dich mir, Du bist immer ganz nahe.

Suche
Ich suche Freude
Ich suche Wärme
Ich suche Licht
Ich suche Leben

Ich suche Geduld
Ich suche Stärke
Ich suche Hoffnung
Ich suche Vertrauen

Ich suche Halt
Ich suche Hilfe
Ich suche Liebe
Ich suche Glück
Ich suche Freunde
Ich suche Heimat
Ich suche Ruhe
Ich suche Frieden

Suchen wir Gott!
Bei Ihm ist alles.

Das Gebet eignet sich für eine Gruppe, wenn jeder sein eignes Wort wählt.

Geborgen

In der Morgenfrische
führst Du mich an der Hand.

In der Mittagshitze
kühlst Du mir die Stirn.

Im Schein der Abendsonne
nimmst Du mich in den Arm.

Im Dunkel der Nacht
birgst Du mich in Deinem Schoß

Gott ist mehr *(frei nach Martin Luther)*

Nichts ist so groß – Gott ist größer.
Nichts ist so klein – Gott ist kleiner.
Nichts ist so weit – Gott ist weiter
Nichts ist so eng – Gott ist enger
Nichts ist so fern – Gott ist ferner
Nichts ist so nah – Gott ist näher
Nichts ist so hoch – Gott ist höher.
Nichts ist so tief – Gott ist tiefer.
Nichts ist so hell – Gott ist heller.
Nichts ist so dunkel – Gott ist dunkler.
Nichts ist so schön – Gott ist schöner.

Wenn Du mich führst

Wenn Du mich führst
durch die Nacht,
durch Deine Finsternis,
durch meine Dunkelheit ...

Dann erwache ich getröstet,
in Deiner Geborgenheit,
in Deinem Schutz,
in Deiner Hand.

Abendgebet eines Pilgers

Herr, es ist Abend geworden
nach einem langen Pilgertag.
Wir sind müde und erschöpft.
Wir haben keine Kraft mehr.
Die Knie schmerzen,
die Füße sind wund.

Lege Du Deine Hand
sanft auf unsere Stirn.
Kühle Du die schmerzenden Knie
mit dem Tau deiner Liebe.
Heile Du die Blasen an den Füssen
mit dem Balsam Deines Erbarmens.

Damit wir morgen wieder
stark und fröhlich weiter gehen,
weiter auf dem Pilgerweg
zum Grabe Deines Apostels,
weiter auf dem Pilgerweg
unseres eigenen Lebens zu Dir.

Jakobus, unser Freund und Held

nach der Melodie: Ihr Heil'gen Gottes allzugleich …

Jakobus, unser Freund und Held,
geh' du mit uns durch diese Welt!
Brich' mit uns auf! Sei stets dabei,
dass unser Weg der rechte sei.

Refrain:
An deiner Seite geh'n wir gern.
Am Sternenweg bist du uns Stern,
denn du führst uns direkt zum Herrn.

In deutschen Landen ist der Start
des Wegs für unsre Pilgerfahrt.
Die Jakobsmuschel zeichnet ihn.
Er führt nach Santiago hin.

Refrain

Wir brechen von zu Hause auf,
vom Heimatland führt unser Lauf
zum Jakobsgrab. Und wem's gefällt,
denn führt er bis ans End' der Welt.

Refrain

Drum Freunde, geht getrost fürbass
und pilgert ohne Unterlass.
Was auch geschieht, ist einerlei:
Mit Jakob ist auch Er dabei.

Refrain

Jakobus, Freund der Pilgerschar

nach der Melodie: Komm, Schöpfer Geist, kehr' bei uns ein …

Jakobus, Freund der Pilgerschar,
die zu dir pilgert Jahr um Jahr,
wir kommen weit aus Deutschland her.
Der Weg zu dir ist lang und schwer.

Wenn wir in deinen Spuren geh'n
und vielerorts dein Standbild seh'n,
dann bitten wir dich: „Steig' herab
und nimm mit uns den Pilgerstab!"

An deinem Wege sind zu Haus
Sankt Martin und Sankt Nikolaus.
Dort, wo Ihr Christus lächeln seht,
dort, wo die Weiße Jungfrau steht.

Jakobus, du hältst jeden fest,
der sich getrost auf dich verlässt.
dein Ruf hat es uns angetan,
so treibt die Sehnsucht uns voran.

Wer dich in Santiago fand
und dort vor deinem Grabe stand,
der nimmt dich in sein Leben mit
als sein Begleiter Schritt für Schritt.

Du Heil'ger mit dem Pilgerhut:
Sei unser Schatten in der Glut!
Sei Herberg' uns, sei gelber Pfeil!
Führ' uns ans Ziel, zum ew'gen Heil!

Segne du Jakobus

nach der Melodie: Segne du, Maria …

Segne, Sankt Jakobus,
deine Pilgerschar,
die in deinen Spuren
wandelt manches Jahr.
Lass uns auf den Wegen
Gottes Weg verstehn.
Gib uns deinen Segen,
wenn wir weiter gehn.

Segne, Sankt Jakobus
unsere Schritte du.
Wenn den Weg wir fehlen,
ruf das Ziel uns zu.
Schütz uns vor dem Unheil,
vor des Bösen Wut

stets mit deinen Mantel,
deinem Pilgerhut.

Segne, Sankt Jakobus
manchen schweren Gang.
stärke uns und tröste,
denn der Weg ist lang.
Ohne deine Hilfe
schaffen wir es nicht.
Stille unsre Sehnsucht,
führe uns ins Licht.

Wenn nach vielen Schmerzen
wir dein Grab erreicht,
wird es in den Herzen,
in den Seelen leicht.
Was wir so vollenden,
sei ein Anbeginn,
sei ein neues Denken,
neuer Weg und Sinn.

Wenn wir einmal sterben
bleib auch dann uns treu,
dass des Lebens Fülle
unsre Zukunft sei.
Mögst uns dort erkennen,
und empfangen gern,
uns beim Namen nennen,
führen uns zum Herrn.

Lasset uns singen

nach der Melodie: Lobe den Herren ...

Lasset uns singen, den Heil'gen Jakobus zu loben,
der uns Begleiter, Fürsprecher im Himmel dort oben:
Führ' uns zum Herrn,
Jakob, wir folgen dir gern,
mögen die Stürme auch toben.

Wenn uns auch Regen und Hagel und Schneestürme plagen,
hast du, Jakobus, uns auf deinen Armen getragen.
So steht es fest,
dass du uns niemals verlässt,
mit dir, so können wir's wagen.

Sehn wir am Himmel die goldene Sonne dann stehen,
fällt es uns leicht, deinen Weg nach Santiago zu gehen.
Kommt dann die Nacht,
Sterne mit all ihrer Pracht,
ist fast ein Wunder geschehen.

Am See Gennesaret ist Jesus zu euch gekommen,
du und Johannes, ihr habt seine Worte vernommen.
Auf seinen Blick
ließet ihr alles zurück,
seid voll Vertrauen gekommen.

Du gingst mit ihm und bist bei ihm in Treue geblieben.
So ist es immer auch im Evangelium beschrieben.
Littest auch Not,
gingst für ihn selbst in den Tod,
wie musstest du ihn doch lieben!

Wenn wir am Ziele sind und wieder heimwärts dann reisen,
bitten wir dich, uns auch dann deine Hilf zu erweisen.
Jesus, dein Freund,
der es stets gut mit uns meint,
möge auch uns Freunde heißen.

Sankt Jakobus, wir rufen dich an

nach der Melodie: Großer Gott, wir loben Dich ...

Sankt Jakobus, wir rufen dich an,
denn wir haben den Ruf ja vernommen.
Jakobspilger, ob Frau oder Mann,
um zu deinem Grabe zu kommen,
wollen den Camino gehen,
dich in unserer Mitte stets sehn.

Sankt Jakobus, du Fischer vom See
in deinen Netzen hast du uns gefangen.
Du warst als Freund in des Herren Näh',
bist ihm in Liebe stets nachgegangen.
Lehr uns wahre Lieb und Treu,
mache unsere Herzen neu.

Sankt Jakobus, wenn wir nun hier gehn,
ob im Schweigen, ob im Reden,
wissen wir ja, du wirst uns verstehn,
wenn wir auch still mit den Füßen nur beten.
Denn im Blick in die Natur
schauen wir des Allmächtigen Spur.

Sankt Jakobus, wir flehen dich an,
lass unsre Pilgerschaft immer gelingen.
Wenn wir schweigen, siehst du es uns an,
dass wir mit unseren Seelen ja singen.
Unsre Freude, unser Glück
schenken wir unserem Schöpfer zurück.

Sankt Jakobus, wir bitten dich sehr,
erbitte doch unserer Welt endlich Frieden,
denn die Menschheit entbehrt ihn so sehr,
in Ost und Westen, in Norden und Süden.
Setz dich bei Gott für Frieden ein,
ewig werden wir dankbar dir sein.

Sankt Jakobus, du warst der Patron
für eine glückliche Sterbestunde.
Zeige den Weg uns zum göttlichen Thron,
wenn wir vernehmen die Todeskunde.
Führ' uns zu an deiner Hand
Dem, den wir durch dich erkannt.

Himno Oficial al Apóstol Santiago

Juan Barcia Caballero

Santo Adalid, patrón de las Españas,
amigo del Señor:
defiende a tus discípulos queridos,
protege a tu nación.

Las armas victoriosas del cristiano
venimos a templar
en el sagrado y encendido fuego
de tu devoto altar.

Firme y segura como aquella columna
que te entregó la Madre de Jesús;
será en España la Santa fe cristiana,
bien celestial que nos legaste té.

Gloria a Santiago,
patrón insigne!
Gratos tus hijos
hoy te bendicen.

A tus plantas postrados te ofrecemos
la prenda más cordial de nuestro amor.
Defiende a tus discípulos queridos,
protege a tu nación!

Die Hymne zum Apostel

(Versuch einer Übersetzung)

Heiliger Fürsprecher, Patron von Spanien,
Freund des Herrn,
verteidige deine geliebten Schüler,
beschütze deine Nation!

Wir sind gekommen und betrachten
die Siegeswaffen der Christen
im heiligen Feuer, das leuchtet
von deinem verehrten Altar.

So kräftig und stark wie jene Säule,
die dir die Mutter Jesu brachte; *
so sei in Spanien der christliche Glaube,
den du uns vom Himmel gebracht.

Gloria Santiago,
o heiliger Patron!
Deine dankbaren Kinder
verehren dich heute.

Zu deinen Füssen liegend, bieten wir dir
die Liebe unsres Herzens als Geschenk.
Verteidige deine geliebten Schüler
beschütze deine Nation!

* *siehe Legende der Maria Pilar*

Wohl auf Sankt Jakobs Straßen

Lied der Jakobspilger seit dem 13. Jahrhundert

1. Wer das Elend bauen will[1]
der mach sich auf und sei mein Gsell
wohl auf Sankt Jakobs Straßen.
Zwei Paar Schuh die muss er han,
ein Schüssel bei der Flaschen.

2. Ein breiten Hut, den soll er han
Und ohne Mantel soll er nit gahn
Mit Leder wol besetztet;
Es schneit' oder regn' oder weht der Wind,
Dass ihn die Luft nit netzet.

3. Sack und Stab ist auch dabei,
Er lug, dass er gebeichtet sei,
Gebeichtet und gebüßet!
Kummt er in der Welschen Land,
Er findt kein' deutschen Priester.

4. Ein deutschen Priester findt er wohl;
Er weiß nit, wo er sterben soll
Oder sein Leben lassen:
Stirbt er in dem welschen Land,
Man gräbt ihn bei der Straßen.

5. So ziehen wir durch Schweizerland ein,
Sie heißen uns gottwillkommen sein
Und geben uns ihre Speise;
Sie legen uns wohl und decken uns warm,
Die Straßen thun sie uns weisen.

6. So ziehen wir durch die welschen Land,
Die seind uns Brüdern unbekannt:
Das Elend müssen wir bauen.
Wir rufen Gott und sant Jakob an
Und unser liebe Frauen.

7. So ziehen wir durch der armen Jecken Land[2]
Man giebt uns nichts dann Apfeltrank.
Die Berge müssen wir steigen.
Gäb man uns Äpfel und Birn genug,
Wir äßens für die Feigen.

8. So ziehen wir durch Soffeien hinein[3]
Man giebt uns weder Brot noch Wein,
die Säck stehn uns gar leere:
Wo ein Bruder zu dem andern kommt,
Der sagt ihm böse Märe.

9. So ziehen wir zu Sant Spiritus ein[4]
Man gibt uns Brot und guten Wein:
Wir leben in reichem Schalle.
Langedoken und Hispanierland,
Das loben wir Brüder alle.

10. Es liegen fünf Berg im welschen Land,
Die seind uns Pilgram wohlbekannt:
Der erste heißt Runzevalle[5]
Und welcher Bruder darüber geht,
Sein' Backen werden ihm schmale.

11. Der ander heißt der Monte Christein[6]
Der Pfortenberg[7] mag wohl sein Bruder sein,
Sie seind einander fast gleiche;
Und welcher Bruder darüber geht,
Verdient das Himmelreiche.

12. Der vierte heißt der Ravenel[8]
Drüber laufen Brüder und Schwestern schnell,
Der fünfte heißt ihn alle Fabe[9]
Da leit viel manches Biedermanns Kind
Aus deutschem Land begraben.

24. Sieh, Bruder, du sollst nit stille stahn!
    Vierzig Meil' hast du noch zu gahn,
    Wol in sant Jakobs Münster,
    Vierzehen Meil hin hinter baß
    Zu einem Stern, heißt Finster.

25. Den „Finstern Stern“ wollen wir lan stahn [10]
    Und wollen zu Salvator eingahn [11]
    Groß Wunderzeichen anschauen:
    So rufen wir Gott und sant Jakob an
    Und unser liebe Frauen.

26. Bei sant Jakob vergiebt man Pein und Schuld
    Der lieb Gott sei uns allen hold
    In seinem höchsten Throne!
    Der sant Jakob dienen thut,
    Der lieb Gott soll ihm lohnen.

[1] *„Das elend bauen“ = in die Fremde ziehen*

[2] *Armagnac*

[3] *Savoyen*

[4] *Spiritus = Pont St. Esprit*

[5] *Roncesvalles*

[6] *Santa Cristina*

[7] *Tunnel von San Adrian*

[8] *Rabanal*

[9] *La Faba*

[10] *Kap Finisterre*

[11] *Oviedo San Salvador*

(* = *deutliche Pause; + = kurze Pause)*

Verlangen nach Gott

Psalm 63,2-9

Gott, du mein Gott, dich suche ich, *
meine Seele dürstet nach dir.
Nach dir schmachtet mein Leib *
wie dürres, lechzendes Land ohne Wasser.
Darum halte ich Ausschau nach dir im Heiligtum, *
um deine Macht und Herrlichkeit zu sehen.
Denn deine Huld ist besser als das Leben; *
darum preisen dich meine Lippen.
Ich will dich rühmen mein Leben lang, *
in deinem Namen die Hände erheben.
Wie an Fett und Mark wird satt meine Seele, *
mit jubelnden Lippen soll mein Mund dich preisen.
Ich denke an dich auf nächtlichem Lager *
und sinne über dich nach, wenn ich wache.
Ja, du wurdest meine Hilfe; *
jubeln kann ich im Schatten deiner Flügel.
Meine Seele hängt an dir, *
deine rechte Hand hält mich fest.

Gemeinschaft mit Gott

Psalm 27,1-6

Der Herr ist mein Licht und mein Heil: *
vor wem sollte ich mich fürchten?
Der Herr ist die Kraft meines Lebens: *
Vor wem sollte mir bangen?
Dringen Frevler auf mich ein, *
um mich zu verschlingen,
meine Bedränger und Feinde, *
sie müssen straucheln und fallen.
Mag ein Heer mich belagern: *
Mein Herz wird nicht verzagen.
Mag Krieg gegen mich toben: *
Ich bleibe dennoch voll Zuversicht.
Nur eines erbitte ich vom Herrn, *
danach verlangt mich:
Im Haus des Herrn zu wohnen *
alle Tage meines Lebens,
die Freundlichkeit des Herrn zu schauen *
und nachzusinnen in seinem Tempel.
Denn er birgt mich in seinem Haus *
am Tage des Unheils;
er beschirmt mich im Schutz seines Zeltes, *
er hebt mich auf einen Felsen empor.
Nun kann ich mein Haupt erheben *
über die Feinde, die mich umringen.
Ich will Opfer darbringen in seinem Zelt, Opfer mit Jubel; *
dem Herrn will ich singen und spielen.

Unter dem Schutz Gottes

Psalm 121

Ich hebe meine Augen auf zu den Bergen: *
Woher kommt mir Hilfe?
Meine Hilfe kommt vom Herrn, *
der Himmel und Erde gemacht hat.
Er lässt deinen Fuß nicht wanken; *
er, der dich behütet, schläft nicht.
Nein, der Hüter Israels *
schläft und schlummert nicht.
Der Herr ist dein Hüter, der Herr gibt dir Schatten; *
er steht dir zur Seite.
Bei Tag wird dir die Sonne nicht schaden *
noch der Mond in der Nacht.
Der Herr behüte dich vor allem Bösen, *
er behüte dein Leben.
Der Herr behüte dich, wenn du fortgehst und wiederkommst, *
von nun an bis in Ewigkeit.

Heimweh nach dem Tempel

Psalm 84

Wie liebenswert ist deine Wohnung, Herr der Heerscharen! +
Meine Seele verzehrt sich in Sehnsucht *
nach dem Tempel des Herrn.
Mein Herz und mein Leib jauchzen ihm zu, *
ihm, dem lebendigen Gott.

Auch der Sperling findet ein Haus +
und die Schwalbe ein Nest für ihre Jungen – *
deine Altäre, Herr der Heerscharen, mein Gott und mein König.

Wohl denen, die wohnen in deinem Haus, *
die dich allezeit loben.
Wohl den Menschen, die Kraft finden in dir,*
wenn sie sich zur Wallfahrt rüsten.
Ziehen sie durch das trostlose Tal, +
wird es für sie zum Quellgrund *
und Frühregen hüllt es in Segen.
Sie schreiten dahin mit wachsender Kraft; *
dann schauen sie Gott auf dem Zion.
Herr der Heerscharen, höre mein Beten,*
vernimm es, Gott Jakobs!
Gott, sieh her auf unsern Schild,*
schau auf das Antlitz deines Gesalbten!
Denn ein einziger Tag in den Vorhöfen deines Heiligtums *
ist besser als tausend andere.
Lieber an der Schwelle stehen im Haus meines Gottes*
als wohnen in den Zelten der Frevler.
Denn Gott der Herr ist Sonne und Schild.*
Er schenkt Gnade und Herrlichkeit;
der Herr versagt denen, die rechtschaffen sind, keine Gabe. *
Herr der Heerscharen, wohl. dem, der dir vertraut!

Lobgesang beim Einzug in den Tempel

Psalm 100

Jauchzt vor dem Herrn, alle Länder der Erde! +
Dient dem Herrn mit Freude! *
Kommt vor sein Antlitz mit Jubel!
Erkennt: Der Herr allein ist Gott. +
Er hat uns geschaffen, wir sind sein Eigentum, *
sein Volk und die Herde seiner Weide.
Tretet mit Dank durch seine Tore ein! +
Kommt mit Lobgesang in die Vorhöfe seines Tempels! *
Dankt ihm, preist seinen Namen!
Denn der Herr ist gütig, +
ewig währt seine Huld, *
von Geschlecht zu Geschlecht seine Treue.

Ortsregister

Übersichtskarte